JN218432

ゲーム開発ツール

TIC·80
プログラミング
ガイド

はじめに

　ゲーム開発ツール「TIC-80」は、小さなゲームを作ったり遊んだりするための「キッズ・パソコン」のようなソフトです。

　昔のパソコンの「エミュレータ」のように動作しますが、過去に実在したことはなく、作者の Nesbox 氏が独自にデザインした空想上のパソコンであり、「ファンタジー・コンピュータ」（または「ファンタジー・コンソール」）と呼ばれています。

　また、開発用のツールが、

・コマンドライン・コンソール
・プログラム・エディタ
・ドット・エディタ
・マップ・エディタ
・効果音エディタ
・音楽エディタ

と、オールインワンで組み込まれており、「TIC-80」と「やる気」さえあれば、すぐにゲームの開発を始めることができます。

*

　さらに、「TIC-80」は、

・Windows	・Pocket CHIP
・Linux	・Game Shield
・Mac OS X	・iOS
・Android	・tvOS
・Raspberry Pi	

など多彩なプラットフォームで動作します。

　そして、作ったゲームは「カートリッジ・ファイル」という
ユニークな形式でまとめられ、1つのファイルとして保存できます。
　それは Web ブラウザ上でも実行できるので、Web サイトに
アップロードして、多くの人と共有したり配布したりできます。

＊

「TIC-80」は、「教育目的」あるいは「個人のホビー」として、
小規模で "レトロ・スタイル" のゲームが作れるように、

・「240 × 136 ドット」サイズの画面

・16 色のパレット

・4 和音しかない音楽

など、あえて制約された仕様にデザインされています。
　これは実際に、一人または少人数で開発するには、なかなかに
理想的なバランスの制限となっています。

＊

　そして素晴らしいことに、「TIC-80」は「MIT ライセンス」
(※巻末参照) のもとで公開され、誰でも自由に、無料で使うこと
ができます。

＊

　本書では、この「TIC-80」を初めて知る人を対象に、「TIC-80」
の「セットアップ」から始めて、「簡単なゲームの作り方」までを
実践しつつ、楽しみながらプログラミングを身に付けられるよう
ガイドしていきます。

　それではさっそく「TIC-80」を始めましょう。

ユリッペ山田

TIC-80 プログラミングガイド

CONTENTS

序 章

初級編

中級編

CONTENTS

序 章

　まずは「TIC-80」の全体像をさくっと知ってもら
おうと思います。
　細かな説明は省いて、どんな機能があって何ができる
のか？
　かるく試食してみましょう。

TIC-80 tiny computer

■ オールインワンの開発用のツール

● コマンドライン・コンソール (Console)

「TIC-80」を起動すると、最初にこの「コンソール画面」が開きます。

作成中のプログラムの「セーブ」や「ロード」「実行」などを行なったり、「SURF」というコマンドでWeb公開されている他のユーザーの作品を遊ぶこともできます。

● プログラム・エディタ (Code Editor)

「Lua」というプログラム言語をベースに「TIC-80」独自の「API命令」を組み合わせてプログラミングします。

プログラムコードの最大容量は「64KB」(65536バイト) です。

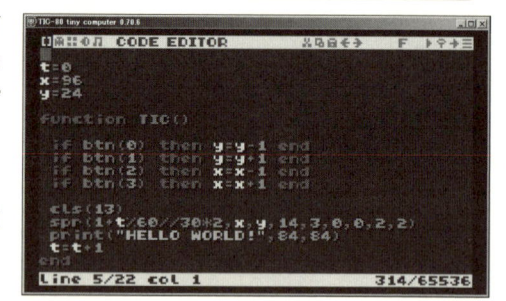

● ドット・エディタ (Sprite Editor)

16色パレットで「8×8」「16×16」「32×32」「64×64」ドットいずれかのサイズでキャラクターを描けるエディタです。

「8×8」ドットのキャラクターなら、512個も作れます。

● マップ・エディタ (Map Editor)

「ドット・エディタ」で作成したキャラクタをならべてゲームの背景となるマップを描くことができます。

広さは「8×8」ドットのキャラクタなら「横に240個」「縦に136個」ぶん。

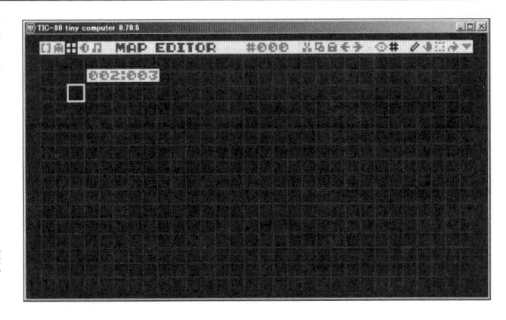

● 効果音エディタ (SFX Editor)

「音の波形」「ピッチ」などを編集して、いろいろな効果音が作れます。

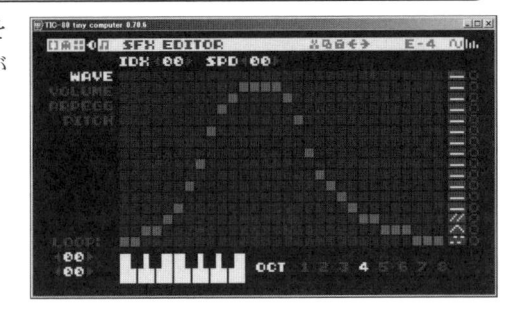

● 音楽エディタ (Music Editor)

「8オクターブ」「64種の音色」「4つのチャンネル」を使って作曲できます。

保存できる曲のトラック数は8個。

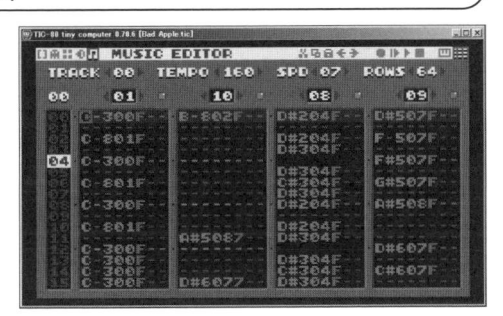

「TIC-80」のセットアップ

■「TIC-80」の入手

● 公式サイトから

　Windows および他のプラットフォームの最新版「TIC-80」は、以下で入手してください。

https://tic.computer/create

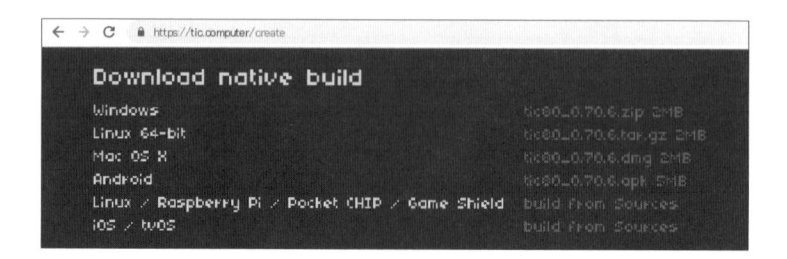

　上記 URL をブラウザで開き、自分のパソコンに合った OS のアーカイブファイルをダウンロードします。

　「Windows 版」であれば「tic80_0.70.6.zip」になりますが、バージョン表記「0.70.6」の部分は変わるので適時読みかえてください。

　　※ 巻末付録に「Linux」と「Android」のセットアップ方法も載せています。

● 工学社のサイトから

　こちらは Windows 版「TIC-80」と本書で紹介するプログラムが同梱されています。

　ただし、「TIC-80」は本書発行時のバージョン (0.70.6) です。

http://www.kohgakusha.co.jp/support/tic-80/index.html

　上記 URL をブラウザで開き、「tic80_book.zip」をクリックするとダウンロードできます。

■「TIC-80」のインストール

インストーラはないので、アーカイブファイルを解凍したら、自分で任意のフォルダに移動してください。

デスクトップに「tic80.exe」へのショートカットも作っておきましょう。

※ 本書では「C:¥FreeSoft¥tic80」に置いたものとして進めていきます。

ついでに下記パスへのショートカットを作っておくと便利です。

「TIC-80」のカレントフォルダのパスです。「TIC-80」を初めて起動したときに作られます。

「%username%」の部分は、自分の Windows ログインユーザー名になります。

「TIC-80」カレントフォルダ

```
C:¥Users¥%username%¥AppData¥Roaming¥com.nesbox.tic¥TIC-80
```

「TIC-80」クイックガイド

　ここでは「TIC-80」の起動・停止方法から、各種開発ツールとその機能について、簡潔に紹介していきます。

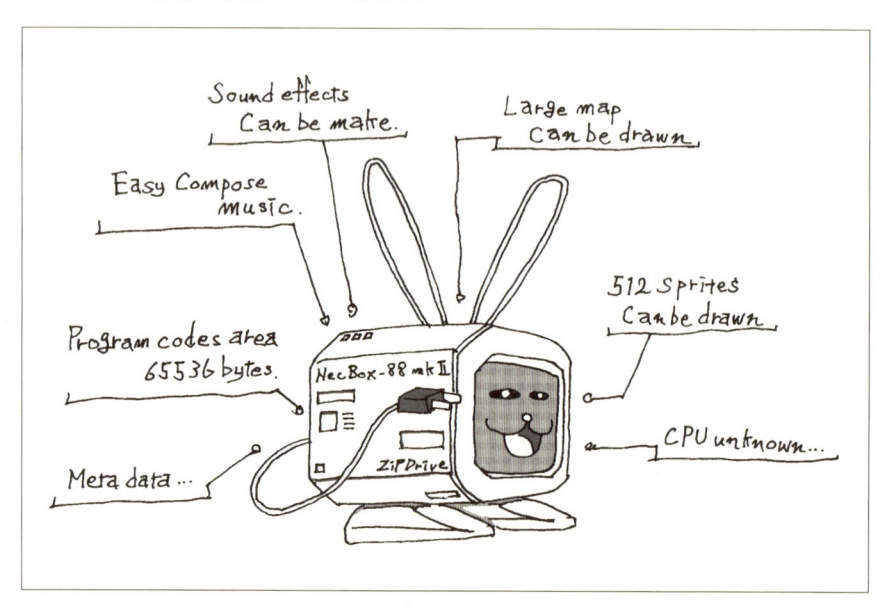

■「TIC-80」の起動

　ショートカットまたは「tic80.exe」をダブルクリックすると、はじめに「コンソール画面」が立ち上がります。

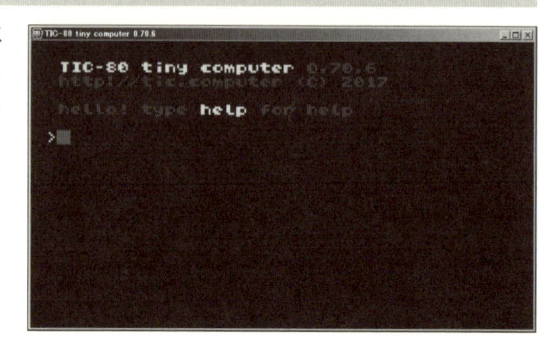

　[F11] キーを押すと「フルスクリーン」になり、もう一度 [F11] を押すと「ウィンドウ画面」に戻ります。

　これはいつでも自在に切り替えることができます。

■「TIC-80」の終了

コンソール画面で「EXIT」
または「QUIT」と入力し、
[Enter] キーを押すと終了し
ます。

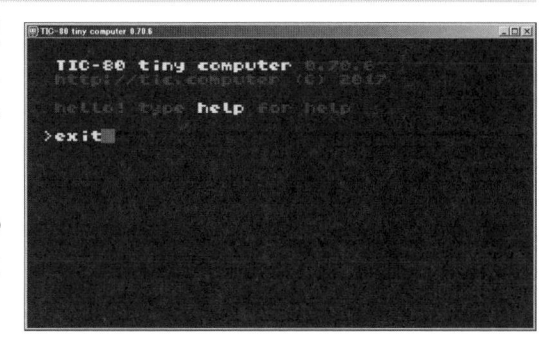

ウィンドウ画面右上の
[×] ボタンでも終了でき
ます。

■ プログラムの実行 - コンソール

「TIC-80」を起動してコンソール画面で [ESC] キーを押すと、プログラム
を入力する「コード・エディタ」の画面に切り替わります。

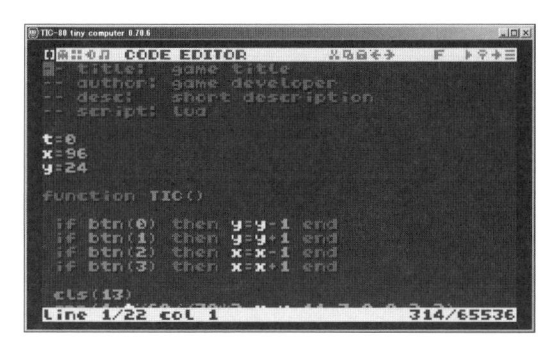

すると「コード・エディタ」上にはすでにプログラムが書かれています。

「TIC-80」では、起動時には自動的に「HELLO WORLD!」プログラムが
読み込まれるようになって
います。

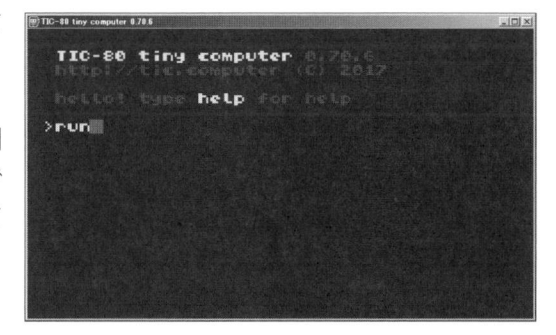

ここでもう一度 [ESC]
とし、コンソール画面で
「RUN」コマンドを打って
みましょう。

現在読み込まれている「HELLO WORLD!」プログラムが実行されます。

　カーソルキーを押すと「TIC-80」のアイコンキャラを上下左右に移動できます。[ESC] を押すとプログラムを終了できます。

■ プログラムの変更 -「コード・エディタ」

　もう一度 [ESC] キーを押して「コード・エディタ」に切り替え、プログラムの一部を変更してみましょう。

　「HELLO WORLD!」の部分を好きなメッセージに変えてみてください。

例

Welcome to this Happy time!

　[ESC] でコンソールに戻って「RUN」コマンドを実行します。

　変更された通りにプログラムは実行されましたか？

● メイン関数 「TIC」

　毎秒 60 回、自動的に呼び出される、「TIC-80」のプログラム実行の中心になる部分。それがプログラム内に必須の唯一の関数、「TIC()」です。

　「TIC 関数」は、「function TIC()」で始まり「end」で終わります。

```
function TIC()
        -- ここに好きなようにプログラムを書いてねん
end
```

　「function TIC()」と「end」の間の行に、あなたの書きたいプログラムを入れれば、そのプログラムが 1 秒間に 60 回、自動的に呼び出されて実行されます。

　毎回呼び出す必要がないプログラムや、自分で定義する別名の関数は、「TIC 関数」の外側に書いてかまいません。

　ただし、「function TIC()」と「end」の間に何も書くことがなくても「TIC 関数」は 1 つのプログラム内に必ず書くことになっているので、忘れないでください。それが「TIC-80」のルールです。

● カートリッジメタデータ

　行の最初にハイフンを 2 つ「--」付けると「コメント文」になります。
　さて、「1 〜 4 行目に書いてあるコメント文は何だろう？」と思いませんか？

```
-- title:  game title
-- author: game developer
-- desc:   short description
-- script: lua
```

　この 4 行は「メタデータ」と呼ばれる部分で、先頭に「--」があるように、コメント文なので、プログラムの実行そのものに影響はありません。

　面倒臭かったら別に書かなくてもエラーにはならないのですが、「TIC-80」の公式サイトに作品登録（アップロード）する際に、この「メタデータ」の部分が自動的に参照されて紹介される仕組みになっています。

　なので、作品公開を考えている人は書いておくようにしましょう。

*

　記述する内容は、次の通りです。

```
-- title: ゲームタイトル
-- author: 作者名
-- desc: 短い説明
-- script: 言語の種類
```

■ ドット絵を描く -「スプライト・エディタ」

　コンソールから [ESC] キーを押して「エディタ画面」に切り替え、[F2] キーを押すか、マウスで左上の「スプライト・エディタ」アイコンをクリックします。

キャンバスを「16 × 16」ドットに拡大し、選択範囲を「TIC-80」マスコットキャラに合わせて、ドット絵を描き変えてみてください。

描けたら [ESC] でコンソールに戻り、「RUN」コマンドで実行してみましょう。

実行画面 (oraora.tic)

変更された通りにプログラムは実行されましたか？

■「背景マップ」を表示してみよう -「マップ・エディタ」

[1]「スプライト・エディタ」で、「スプライト番号 0」の位置に「背景」にするドット絵を描きます。
キャンバスは「8×8」ドットで。

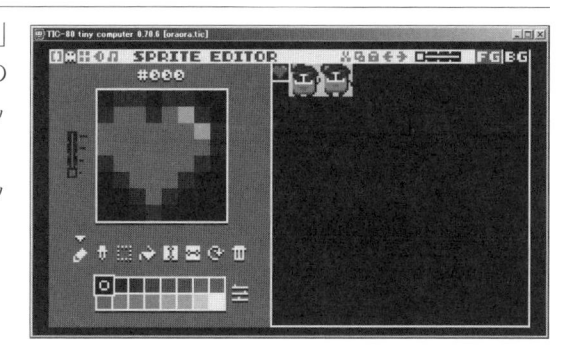

[2]「コード・エディタ」で、**17 行 目** の「cls(13)」を「map()」に変更します。

[3] [ESC] でコンソールに戻り、
「RUN」 コマンドで実行。

変更された通りにプログラム
は実行されましたか？

　変更前の「cls(13)」は「パレット 13 番」の色で画面全体をクリアする命
令でした。
　変更後の「map()」は丸カッコ内に何も指定しない場合は、マップの座標
(0,0) から 1 画面ぶんを表示する初期設定になっています。

＊

　[ESC] を押してプログラム終了し、「コンソール画面」でもう一度 [ESC]
を押して「エディタ画面」に切り替えます。

　そこで [F3] キーを押すか、
マウスで左上の「マップ・エ
ディタ」アイコンをクリック
します。
　先ほど、背景に表示されて
いたのは、この画面です。

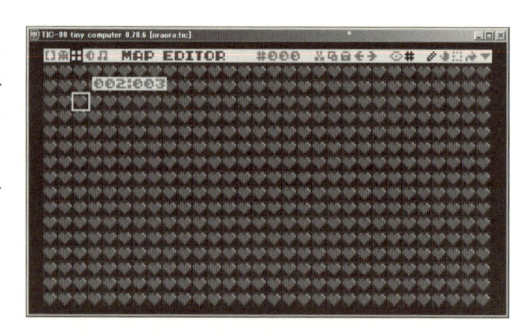

　これが「マップ・エディタ」
です。
　ここで [TAB] キーを押すか、
ワールドマップアイコン（目の
アイコン）をクリックしてみて
ください。

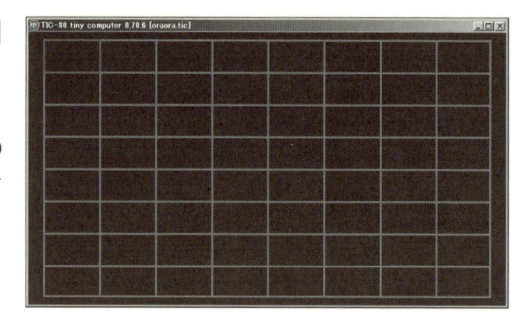

マップエリア全体を見わたすことができます。

左上の囲いが赤くなっているところが現在選択されているエリアです。

ここでエリアをクリックして選択し、「スプライト」（ドット絵）を配置していけば、広大なマップを作ることができます。

＊

「スプライト・エディタ」でさらにいくつかのドット絵を描いて、「マップ・エディタ」でいちばん左上のマップエリアに好きなように配置してください。

[ESC] でコンソールに戻り、「RUN」コマンドを実行します。

あなたが描いたとおりの背景に変わったでしょうか？

■「効果音」を作る - SFX エディタ

こんどは「効果音」(SFX)を作ってみましょう。

ちなみに、このエディタで設定した音は、「ミュージック・エディタ」でも使われます。

[1]「コンソール画面」で [ESC] キーを押して「エディタ画面」に切り替え、[F4] キーを押すか、マウスで左上の「SFX エディタ」アイコンをクリックします。

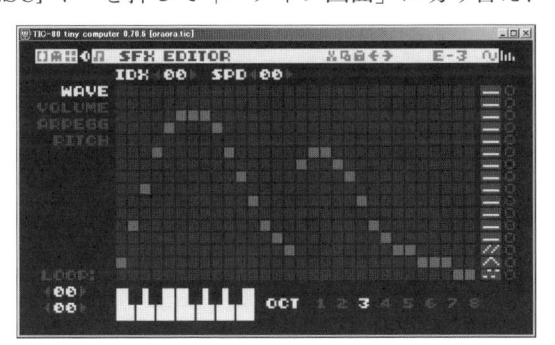

[2] 画面下のほうに「ピアノの鍵盤」があるので、クリックしてみましょう。"ドレミ"の音色が鳴るはずです。

> 鍵盤の横にある「OCT」(オクターブ)の右側に並んだ「1 〜 8」の数字をクリックすると「オクターブ」を変更できます。
>
> 画面上方の「IDX」(インデックス)が「効果音 No.」となっており、全部で64種類(00 〜 63)まで効果音を作ることができます。
>
> その右隣にある「SPD」(スピード)を変更すると、再生速度(−4 〜 03)をコントロールできます。
>
> 画面の左側には「WAVE(波形)」「VOLUME(音量)」「ARPEGG(アルペジオ)」「PITCH(ピッチ)」の4つのパラメータがあります。
>
> その下方にある「LOOP(ループ)」は効果音を部分的にループさせる機能です。1番目の数値(0 〜 15)は「ループの長さ」、2番目の数値(0 〜 15)「ループの位置」を指定します。
>
> 画面中央の**格子状のエリア**をクリックすると、絵を描くように「波形」を変えることができます。

それぞれの意味が分からなくてもかまいません。適当にいじって鍵盤で音を鳴らして、確認しながら「音」を作ってみてください。

[3] そうして出来上がったら、その効果音をプログラムから鳴らしてみましょう。

「コード・エディタ」を開き、**16行目**に次の1行を追加します。

これは「もし [Z] キーが押されたら効果音0番を鳴らせ!」という命令文です。

```
if btnp(4) then sfx(0) end
```

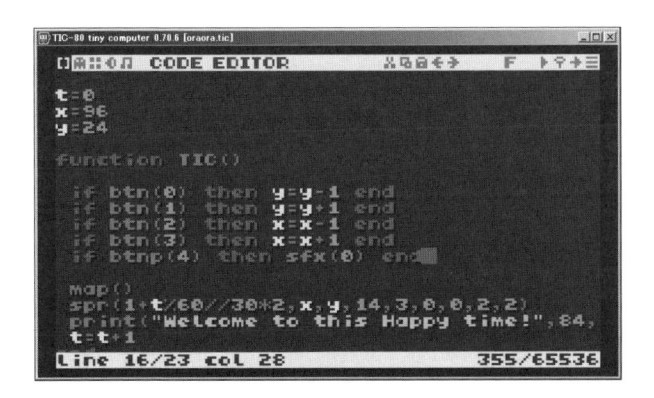

[4] [ESC] でコンソールに戻り、「RUN」コマンドを実行します。
　[Z] キーを押すと、あなたが作った効果音が鳴るはずです。

■ 作曲する - ミュージック・エディタ

　「ミュージック・エディタ」は [F5] キーを押すか、「音符マーク」のアイコンをクリックします。

　作曲そのものは簡単ではないですが、これはとてもお手軽な DTM 環境です。音楽の好きな人は楽しみながら作れるのではないでしょうか。

*

　画面には 4 つの「入力用チャンネル」が現われます。
　それぞれのチャンネルに「縦方向」に音符を入力していくわけですが、細かな説明よりも、まずは最短距離で音楽を鳴らしてみることにしましょう。

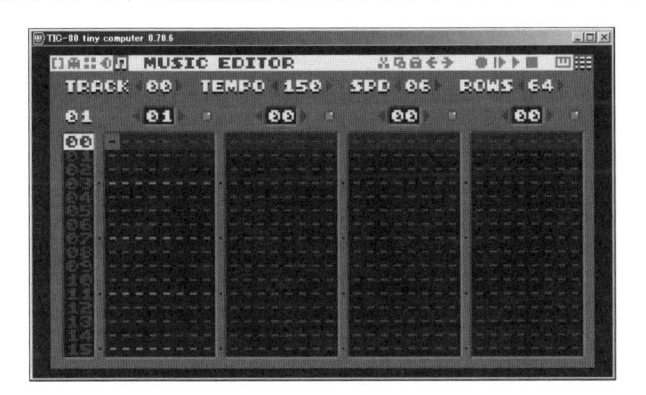

　まずは、いちばん左のチャンネル上にある番号「00」を、すぐ右の [>] をクリックして「01」にします。

　次に、そのチャンネルの音符入力枠の**1行目左端**をクリックして、その状態からキーボードを [Z][X][C][V][B][N][M]... と打ってみましょう。

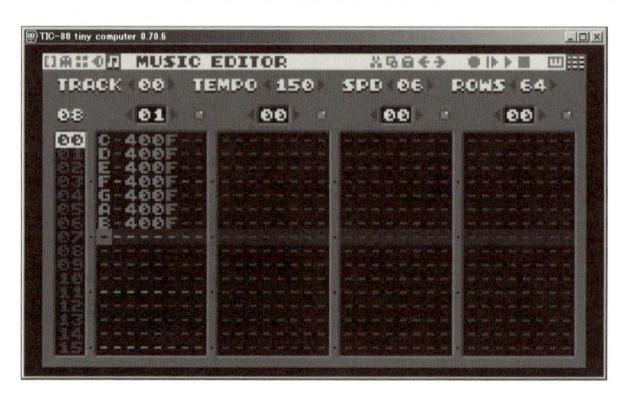

　音を鳴らしながら、音階を入力できたでしょう。

＊

　「ミュージック・エディタ」では次の図の通り、「キーボード」が「ピアノの鍵盤」のように対応されています。

　その他には、[スペース] キーで選択行の音を再生。[Enter] キーで曲全体の「再生開始」「停止」ができます。
　また、画面右上にある「アイコン・ボタン」でも同様の操作が可能です。

●入力された音符コードの説明

左から1番目が**「音階」**（「CDEF GAB」が「ドレミファソラシ」になっている）。

2番目には**「半音」**（ピアノの黒い鍵盤の音）を表わすシャープ「#」が表示されます。

3番目は音の高低を表わす**「オクターブ」**。

4番目の数字が**「音色番号」**（「効果音No.」と連動）。

最後が**「音量」**で16進数（「0〜15」を「0〜9, A〜F」で表わす）で表示されています。

カーソルキーで入力枠の中を移動して、キーボードから英数字で直接入力したり、変更したりできます。

*

それでは短い曲を適当に作ってみましょう。

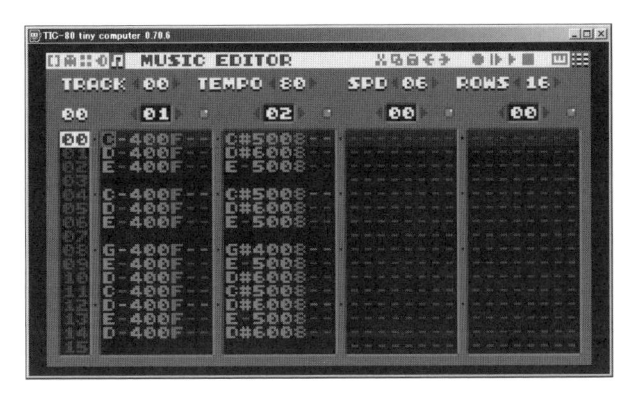

チャンネルを2つ使って、ハーモニーしてみました。真っ黒な空白行は「休符」です。

誰もが知ってる名曲のはずですが、再生してみるとその片鱗も感じさせない編曲ぶりです。

みなさんはもっとマシな楽曲を作れるよう頑張ってくださいね。
(ツールの使い方以前に、音楽にはそれなりの才能が要るように思います…)。

「TRACK」(トラック) の番号を変更すれば、さらに別の曲を入力できます。
番号は「00 ～ 07」まで指定でき、1 つのカートリッジには 8 曲までが作成
可能です。

プログラムから曲を再生するには「music()」命令を使います。
先ほど「sfx(0)」と書いた部分を入れ替えて試してみましょう。

```
if btnp(4) then music(0,0,0,false) end
```

「music」命令のカッコ内のパラメータは左から、**「再生するトラック番号」**
「開始フレーム番号」「開始行」「リピート (繰り返し)」の指定です。

最後の「false」を「true」に変えると、「無限にリピート再生」するよう
になります。

■「カートリッジ・ファイル」の保存

せっかくいろいろと改造したプログラムなので、保存しておきましょう。

コンソール画面で「SAVE」コマンドを使います。
ファイル名には「英数字」で任意の名前を付けて保存できますが、今回は
次のように入力します。

```
save oraora
```

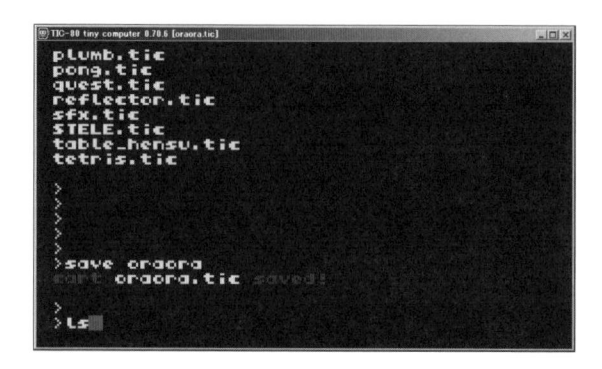

本当に保存できているかどうかは、「LS」コマンドで確認できます。

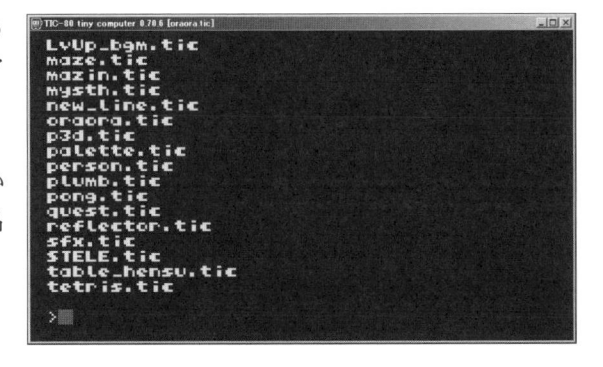

拡張子に「.tic」と付いた「oraora.tic」という名前で保存されています。

「カートリッジ・ファイル」にはプログラムのコードだけでなく、「ドット絵」や「マップデータ」「効果音」「音楽」などのすべての「ゲーム・データ」が一緒に保存されています。

＊

「カートリッジ・ファイル」を読み込むときは、次のように「LOAD」コマンドを使います。

```
load oraora
```

Windows版「TIC-80」では「カートリッジ・ファイル」の実体は下記フォルダに保存されます。

```
C:¥Users¥%username%¥AppData¥Roaming¥com.nesbox.tic¥TIC-80
```

ファイルの場所が分からないときはコンソール画面で「FOLDER」コマンドを打つと、このフォルダを「ファイル・エクスプローラー」で開くことができます。

■「TIC-80」ゲームで遊ぼう！

　さて、初めての方にはいきなり難しいことをいろいろやってしまったような気がするので、このへんでノーミソをリフレッシュ！

　ちょっと「お遊びタイム」といきましょう。

●「サンプル・デモ」で遊ぶ

　「DEMO」コマンドを打ち込むと、「サンプル・プログラム」がいくつか追加されます。

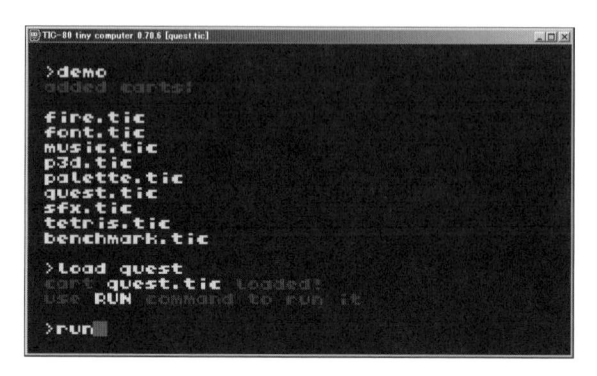

　この中の「quest.tic」をロード（読み込み）して実行してみましょう。

　次のとおりにコマンドを打ちます。

　「拡張子」は、付けても付けなくても OK です。

```
load quest
run
```

　ローグライク RPG の「クエスト」が遊べます。

　[ESC] を押せば終了し、「コード・エディタ」でプログラムを見ることもできます。

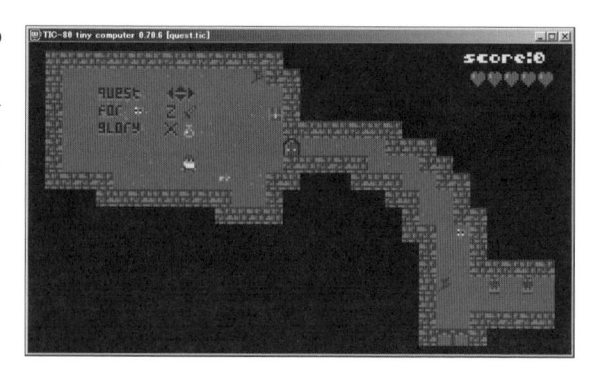

●カートリッジ・ブラウザ

「SURF」コマンドを打ち込むと、「カートリッジ・ブラウザ」が立ち上がります。

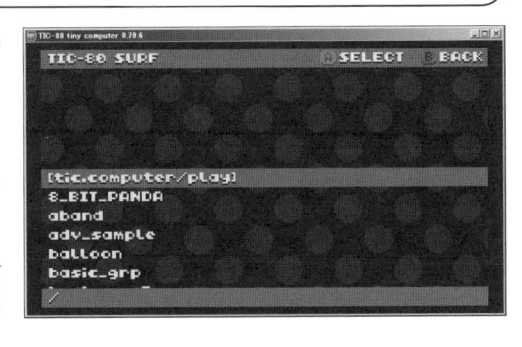

キーボードなら「カーソル・キー」と [A][S][Z][X] キーで、ゲームパッドを接続していれば「方向キー」と [A][B][X][Y] ボタンで操作できます。

たくさんのリストが出てくると思うのでいろいろ選んで試してみましょう。

＊

[]カッコで囲まれたメニューはルートメニューになっていて、[A] ボタン（または [Z] キー）でさらに配下のサブメニューへと移動します。

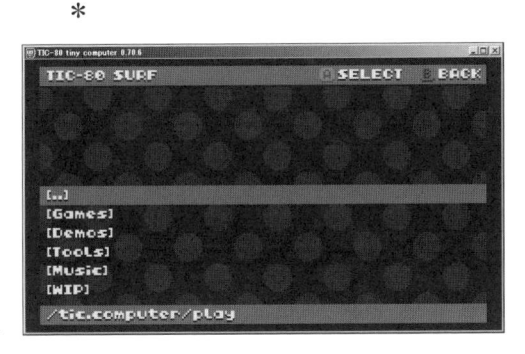

たとえば、いちばん上の [tic.computer/play] を選ぶと、次のようなカテゴリーのサブメニューが現われます。

ここからは Web 上に登録された多数のユーザー作品を遊ぶことができます。

＊

たとえば [Games] なら個人的に「FPS80」なんかおススメ！

その他にも「BALMUNG」は本当にセンスの良いリアルタイム RPG ですし、「WITCH EM UP」も好きなんだけど超難しい！

[Music] なら「Bad Apple」は必見！

[WIP] は Work in progress の略語で「作りかけだけど見てー」という作品がカオスな感じで登録されています。

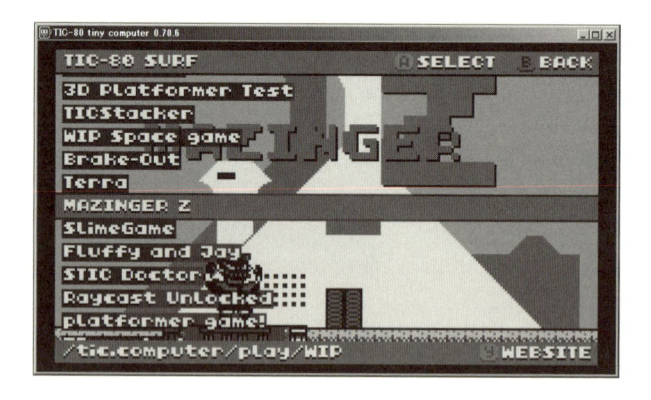

その他にも [Demos] や [Tools] など、好きなカテゴリーを選択していろいろな作品をプレーしてみましょう。

*

ちなみに、メニュー選択では [B] ボタン（または [X] キー）を押すか、またはメニューの [..] を選択すると前の画面に戻ることができます。

「SURF」をやめたいときは、例によって [ESC] キーでコンソール画面に戻れます。

[Demos] の「FALLSPIRE」は必見です。「MICRO-PLATFORMER STARTER KIT」はマリオタイプのジャンプアクションゲームを作りたい人

にはシンプルで便利なテンプレートですよ。

　プログラミングで煮詰まったら SURF コマンドで他のユーザーの作品から元気をもらいましょう。

＊

　さて、クイックガイドはここでおしまい。

　急ぎ足で分からないところがあったかもしれませんが、全体的に「TIC-80」がどんなモノなのかは把握できたのではないかと思います。

　これだけの機能をすべて実装しながら「TIC-80」は 4MB に満たないスタンドアロンの実行ファイルで動きます。

　アチコチにとっ散らかる「ライブラリ・ファイル」とかはありません。なんとシンプルでストイックな…ステキすぎるでしょ！

＊

　そして、改めまして、ここから先はあえて少し立ち返り、プログラミングの初歩的なところから始めていきます。

初級編

では改めて、プログラムの基本を押さえる「初級編」とまいりましょう。

最初にちょっと一言。
「TIC-80」では、「TIC-80」独自の「API」（アプリケーション・プログラミング・インターフェイス）と、「Lua」というプログラム言語を組み合わせてプログラミングします。

どちらを使う場合も、本書ではあえて「TIC-80 の命令」という表現にまとめて書いていきます。

TIC-80 tiny computer

■「プログラム」とは

「プログラム」という言葉自体の意味は一般的です。

運動会や学芸会でもみんなに配られますよね。あの「上から順番に実行することが書いてある」のが「プログラム」です。

コンピュータの世界でもそれは同じです。ただし、それは人間の言葉ではなく、コンピュータに理解できる命令語で書くというだけなんです。

*

実際、何も書かなければ、「やれ」と言っても何もしません。

まずは、それをやってみましょう。

---

[1]「TIC-80」を起動したら「コード・エディタ」を開いて、そこに書いてあるプログラムを全部削除しましょう。

[CTRL]+[A] キーで全選択して [DEL] キーを押すと、早く消せます。

[2] [ESC] キーでコンソールに戻って「RUN」コマンドを実行します。

「the code is empty」（コードが空っぽです）と出て終わりました。

「実行せよ」と命令されても実行すべきプログラムがありませんからね。

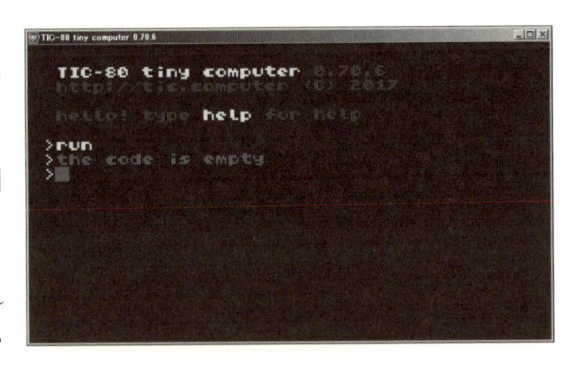

[3] 次は、「コード・エディタ」に戻って、次の1行だけ入力してください。

```
cls()
```

[4] コンソールから「RUN」コマンドで実行します。

「'function TIC()...' isn't found :(」とエラーメッセージが。

「function TIC()」が見付からないと怒られました。

「TIC-80」では、次の2行がプログラム中に必須のルールとなっているので「function TIC()」と「end」の間に何も書かない場合でも必ず書いておきましょう。

```
function TIC()
end
```

この2行は間に何も書かない場合は、次のように1行にまとめても問題ありません。

```
function TIC()end
```

■ 画面をクリアする

では、次のように1行追加してプログラムを実行してみてください。

```
cls()
function TIC()end
```

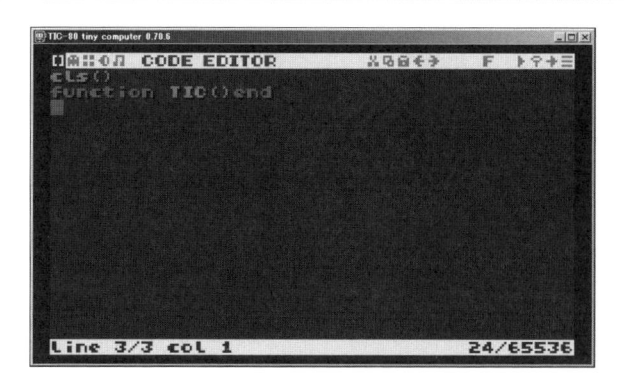

真っ暗なまま、何も起こらない状態になっていると思いますが、ご安心を。正しく実行されています。

[ESC] キーでいつものようにコンソールに戻れます。

プログラムは、「cls()」命令で画面をクリア後、「function TIC()」を毎秒60回延々と呼び出しているだけです。

何回呼び出されても「function TIC()」と「end」の間には何もないので何もせず、ただ [ESC] キーが押されるのを待つだけの状態になっているわけです。

＊

「cls()」命令の丸カッコの中に「1 〜 15」の数値を入れて実行してみてください。画面クリアの色は 16 色のパレットに対応しています。

カッコ内に何も入れてないときは「0」が指定されたのと同じに扱われています。

■ 文字を表示する

次は、2 行目に「print」命令を入れて、画面にメッセージを表示してみましょう。

```
cls(2)
print "Now you are in the wilderness."
function TIC()end
```

メッセージの表示位置を変えたいときは、次のように記述します。

```
print("Now you are in the wilderness.",40,64)
```

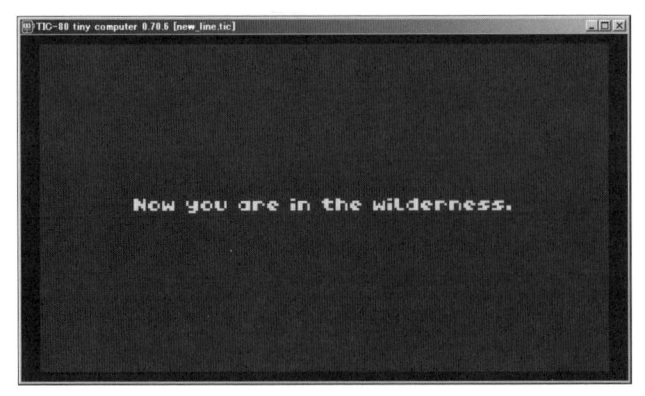

実行画面 (lesson1.tic)

「print」命令の丸カッコ内の左から、「表示する文字列」「X 座標」「Y 座標」を指定しています。

「X 座標」とは「画面の横の位置」、「Y 座標」とは「縦の位置」を表わします。
「TIC-80」の画面は「横 240 ドット」(240 個の点)、「縦 136 ドット」(360 個の点)で構成されており、いちばん左上の座標を原点 (0,0) として、いちばん右下の座標が (239,135) になっています。

つまり、右に移動するほど「X 座標」の値が増え、下に移動するほど「Y 座標」の値が増えていきます。

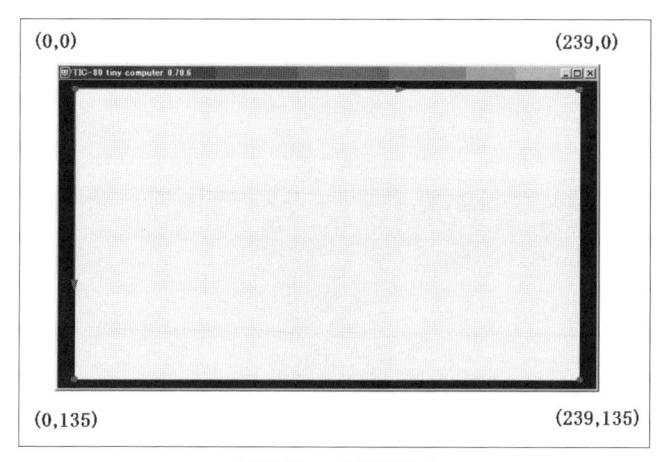

「TIC-80」の画面構成

文字や絵など、何かを画面に表示するときに X,Y 座標を指定すると、任意の場所から表示させることができます。

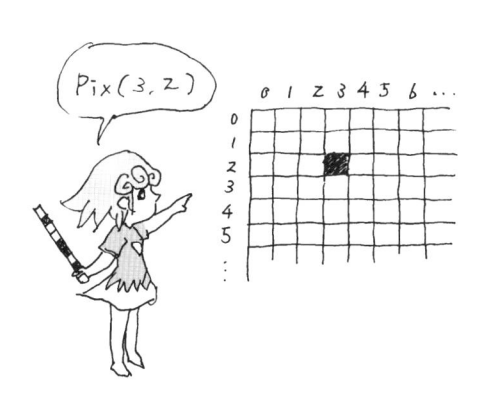

■「命令文」について

プログラムは、「どんな順番で、どんな処理をするのか」をまとめて記述したテキストです。

その中で「どんな処理をするのか」を指示するのが1つ1つの「命令」です。

「命令文」は、基本的にテキストの先頭行から、下に向かって順に実行されていきます。

この「命令」は「英単語」を短くしたような「略語」（例：map get → mget）になっていたりします。

■ パラメータ

命令の後に付ける「数値」や「文字列」などの値を、「パラメータ」と言います。

多くのプログラム言語においても、「命令」と「パラメータ」をセットにした書式が基本になっています。

*

「パラメータ」は、「命令」の後の「丸カッコ」内に記述します。
「パラメータ」が複数ある場合は、「カンマ」(,) で区切って指定します。

たとえば先ほどの、

```
print("Now you are in the wilderness.",40,64)
```

では「print」が「命令」にあたり、"Now you are in the wilderness." と「40」と「64」が「パラメータ」になります。

この組み合わせの命令文で、「Now you are in the wilderness.」というメッセージを画面の座標 (40,64) から表示する、という意味になっています。

■ グラフィックを表示する

● 点と線を描く

次のプログラムを入力して、実行してみましょう。

```
cls(2)
pix(120,68,14)
line(20,10,200,100,11)
function TIC()end
```

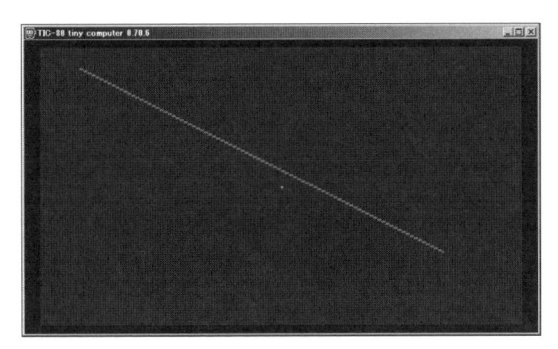

実行画面 (lesson2.tic)

① 最初の「cls」命令でパレット 2 番の色 (青) で画面をクリアしています
② 次の「pix」命令は、指定された座標に 1 ドットの点を打ちます。

　ここでは「X 座標 120、Y 座標 68」の位置に「パレット 11 番の色」(緑) で点を描いています。
③ そして「line」命令は、2 点間の座標をむすぶ直線を描きます。

　画面左上から右下 （X,Y 座標 (20,10) から (200,100)） に、「パレット 14 番の色」(黄色) で「直線」をひきました。
④ 最後に「function TIC() ～ end」のところで「毎秒 60 回の呼び出し」でループしています。

　では、[ESC] で一度プログラムを抜けてください。

● 丸や四角形を描く

　プログラムに、次の 2 行を追加してください。
　「cls」命令の下ならどこでも OK です。

```
rect(128,20,80,40,9)
circ(60,80,30,12)
```

追加できたら、実行してみましょう。

コンソール画面から「RUN」コマンドです。もう慣れましたか？

*

「四角形」と「丸」が描けました。

「rect」命令は四角形を描く命令です。

ここでは四角形の左上の「角部分の座標」(128,20)から「横幅80」と「縦幅40」を指定して、「パレット9番の色」(オレンジ)で「四角形」を描画しています。

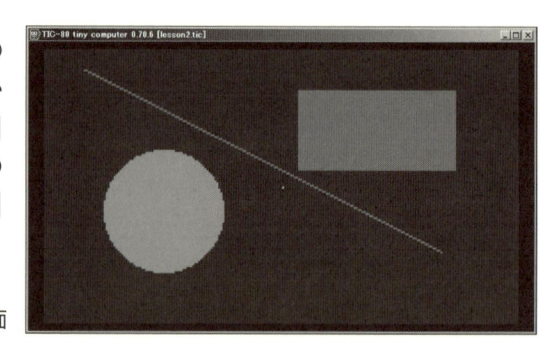

実行画面

「circ」命令は「円」を描きます。

ここでは「円の中心座標」(60,80)から「半径30ドット」で「パレット12番の色」(ピンク)で円を描画しました。

ついでに1つ、「rect」命令と「circ」命令を、それぞれ「rectb」「circb」として実行してみてください。

こちらの命令では、塗り潰さない「四角形」と「丸」が描画できます。

```
rectb(128,20,80,40,9)
circb(60,80,30,12)
```

★ learn by trial and error!

ここまで順調でしょうか？多少プログラミングの感覚がつかめてきましたか？

「文字の表示」や「点」「直線」「丸」「四角形」と「TIC-80」の描画命令を試してきました。

ここで画面に好きなように図形を描いてみましょう。

指定する座標や色を変えて、どんなふうに描かれるかいろいろと試してみてください。

■ 計算と変数への代入

　コンピュータのご先祖は「カルキュレータ」(計算機)なので、もちろん算数で習ったような普通の計算をやらせることもできます。

● 四則演算

　「四則演算」とは、お馴染みの「足し算」「引き算」「掛け算」「割り算」の4種の計算のこと。

　「TIC-80」の四則の演算記号は次のようになっています。

足し算 (加算) の記号	+
引き算 (減算) の記号	−
掛け算 (乗算) の記号	*
割り算 (除算) の記号	/

　これらの演算記号を使ったプログラムです。

　計算の内容は任意でかまわないので、実際に打ち込んで試してみてください。

*

　まずは「足し算」です。

```
print("2+3="..(2+3),0,0)
```

　最初に「cls」命令で「画面クリア」し、最後に「function TIC()end」を入れるのを忘れないように。

実行画面 (lesson3.tic)

　丸カッコで囲まれた部分 (2+3) の計算結果を画面に表示しています。

　「print」命令は前述しましたが、ダブルクォーテーション「"」で囲まれた "2+3=" の部分は「文字列」で、(2+3) の部分は結果が「5」になる数値です。

　この2つを「文字列」として連結させる記号が、ピリオド2個の「..」となっています。

＊

　続いて「引き算」です。

```
print("8-1="..(8-1),0,0)
```

　お次は「掛け算」。演算記号は、一般的な「×」ではなく「*」となっています。

```
print("6*4="..(6*4),0,0)
```

　最後は「割り算」。演算記号は、一般的な「÷」ではなく「/」となっています。

```
print("10/3="..(10/3),0,0)
```

```
TIC-80 tiny computer 0.70.6 [lesson03.tic]
2+3=5
8-1=7
6*4=24
10/3=3.3333333333333
```

実行画面

　最後に実行した「割り算」の結果にご注目。
　結果は「3.333…」となっており極めて正確な計算結果ですが、答を単純に整数の「3」にしたい場合は、「割り算」の演算記号「/」を、次のように2重に指定すれば、小数点以下を切り捨てた結果を得ることができます。

```
print("10/3="..(10//3),0,0)
```

● 演算記号の「優先順位」

「演算の優先順位」は以下の通り、一般的な数式の場合と同じです。

優先順位	演算記号
高	＊　／
低	＋　－

「演算の実行順序」を意図的に指定したいときは、一般的な数式と同様に丸カッコを使って指定します。

たとえば「1+2*3=」という式は優先順位の高い掛け算が先に計算されて最初に「1+6」なるため、その結果「7」となります。

丸カッコで「1+2」の部分を囲み、「(1+2)*3=」とすると、丸カッコで囲まれた「1+2」が先に計算されて、次の計算が「3*3」となるため、結果が「9」になり、答が変わります。

```
print("1+2*3="..(1+2*3),0,0)
print("(1+2)*3="..((1+2)*3),0,10)
```

実行画面

●「変数」への代入

「変数」とは、「数値」や「文字列」を入れておくための「入れ物」のようなものです。
「変数」は、英字で任意の名前をつけることができます。

「代入」とは変数に値を入れることを言います。
たとえば、「a」という名前の変数に、数値「3」を代入するには、次のように書きます。

```
a=3
```

「b」という名前の変数に、文字列「Welcome to TIC-80!」を代入するには、

```
b="Welcome to TIC-80!"
```

とします。

「変数名＝値」と書くわけです。代入する値が「文字列」の場合はダブルクォーテーション「"」で囲みます。
　変数に値を入れると、次のように、数値や文字列の代わりとして利用できます。

```
a=80
b="Welcome to TIC-"..a.."!"
print(b,0,0)
```

実行画面 (lesson4.tic)

「変数 b」の中身である文字列「elcome to TIC-」と、「変数 a」の中身である数値「80」と、文字列「!」とを連結して「print」命令で表示しました。

　「変数」はプログラム中で適時変更したい値がある場合などに便利なのです。

＊

　ベタですが、たとえば次のような「3のべき乗」を計算するプログラムがあるとします。

```
print("Calc 3^ Result="..(3*3*3+3*3+3),0,0)
```

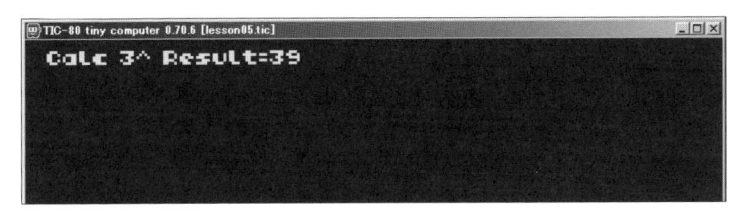

実行画面 (lesson5.tic)

　プログラムを変更して「8のべき乗」計算に変えたい場合、このままだとプログラム中の「3」の部分を全部「8」に直さないといけません。
　長いプログラムで変更する部分が散らばっている場合は、もっと大変です。

　そんなとき、次のように変数をうまく利用してプログラムしておけば、あとで変更する際に修正箇所を少なく簡単にすることができます。

```
c=3
print("Calc "..c.."^ Result="..(c*c*c+c*c+c),0,0)
```

　このプログラムなら「c=3」の「3」の部分を「8」に直すだけですみますね。

●「変数名」のルール

　「変数名」は「半角英数字」で自由につけることができますが、変数名の「先頭文字」は必ず「英字」である必要があります。「数字」は使えません。
　2文字目以降には「数字」も使うことができます。

　また、"「TIC-80」で使われている命令と同じ名前"は使えません。

・変数として使える命名

p	英字 1 文字 OK
avex	英字複数文字 OK
Tc98	先頭が英字なので OK

・変数として使えない命名

123	数字はダメ！
3DS	先頭が数字はダメ！
cls	「TIC-80」の命令と同名

　また、「TIC-80」ではプログラムコードの「大文字」と「小文字」を区別しているので、「HENSU」と「hensu」と「Hensu」は別物として扱われます。注意してください。

●「エラーメッセージ」について

　ここまでのプログラム実行でエラーの出た人はいるでしょうか。

　自分でプログラムを組みながら試すとき、プログラムに間違いがあると実行時にエラーメッセージが表示され、エラーのある命令の場所で止まります。

例

・実行した命令

```
cls[]
```

・エラーメッセージ

```
[string "cls[]..."]:1: unexpected symbol near ']'
```

　要約すると、「文字列 "cls[]" のあたり、1 行目に未知の記号があります」という感じでしょうか。

　これは「cls」命令のカッコが「丸カッコ」じゃないので、エラーとなっています。

エラーメッセージは英文ですが、最初に「命令の名前」と「行番号」が出るので、間違いのある場所を見付けるヒントになります。

■ テーブル変数

少し難しいですが「テーブル変数」について解説していきます。

「テーブル変数」を利用すると、同名の変数に「連番」や「識別名」を付けて複数の変数を効率良く処理したり、管理できるようになります。

*

たとえば、普通は「変数 a」には 1 つの数値 (または文字列) しか代入しておくことしかができません。

しかし、「テーブル変数」の場合は、次のように使うことができます。

・「テーブル変数 a」の使用宣言

```
a={}
```

・「テーブル変数 a」に値を代入

```
a[1]=23
a[2]="Two."
a[3]=true
```

・「テーブル変数 a」の内容を表示

```
print(a[1],0,10)
print(a[2],0,20)
print(a[3],0,30)
```

実行画面 (lesson5.tic)

　「テーブル変数」を使う場合は、「初期値」を指定しなくてもいいですが、「変数名 ={}」として、最初に使用宣言を行ないます。

　テーブル変数には「角カッコ」を付けて、カッコ内のパラメータに参照用の索引を示す連番などを指定します。
　こうすると、同じ変数名に連番を付けて利用できます。
　代入するデータ型は「数値」でも「文字列」でも OK です。
＊

　ちなみに、「宣言」と「代入」を兼ねて、次のように 1 行で書くこともできます。

```
a={23,"Two.",true}
```

　他のプログラム言語に馴染みのある人は少し戸惑うかもしれませんが、上記の通り代入すると、テーブルの参照番号は「0」からでなく「1」からセットされます。
＊

　次の 1 行を加えて、「テーブル変数 a[0]」の中身を確認してみましょう。

```
print(a[0],0,0)
```

実行画面

　「テーブル変数 a[0]」の内容を確認すると「nil」という値が表示されます。
　これは「何も入ってない。空っぽだよ」という意味の記号で、他のプログラム言語では「ヌル」(NULL) と呼ばれているものと同じです。

　下記のようにすれば、「テーブル変数 a[0]」にも普通に値を代入できます。

```
a[0]="I am empty."
```

以下は、「テーブル変数」を使ったプログラムの例です。

```
ag={10,15,30}
nm={"Emily","Rachel","Margaret"}
i=1;j=2
print(nm[i].." was "..ag[j].."!",0,0)
```

実行画面 (lesson6.tic)

「変数 i,j」への代入値を変えて何度か実行してみましょう。

■ 繰り返しの処理

　同じ処理を繰り返し何回も実行したいときに、ここまでに説明してきた内容だけだと同じ命令文を回数ぶん書くことになります。

　しかし、もちろんそんなことをする必要はありません。

　決められた回数の繰り返しを行なうには「for」命令があります。

```
for i=1,5 do
    rect(30*i,10,25,25,15)
end
```

　上記プログラムを実行すると、次のような結果になります。

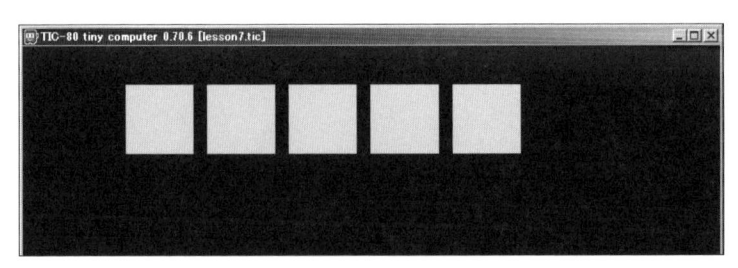

実行画面 (lesson7.tic)

白い四角形が5つ描画されています。

「for i=1,5 do」と「end」に囲まれた「rect」命令の処理が5回繰り返されたわけです。

「rect」命令の「X座標」の指定には「変数i」が利用されています。

*

ループの1回目にこの命令が実行されるとき、「変数i」の内容は「1」なので「rect(30,10,25,25,15)」という命令文が実行されたのと同じになります。

2回目は「変数i」の内容が「2」にインクリメント（1増加）されているので「rect(60,10,25,25,15)」と同じ。

同様に、3回目は「rect(90,10,25,25,15)」、4回目は「rect(120,10,25,25,15)」、5回目は「rect(150,10,25,25,15)」となり、5回ぶんの繰り返しで以下のプログラムが実行されたのと同じ結果になります。

```
rect(30,10,25,25,15)
rect(60,10,25,25,15)
rect(90,10,25,25,15)
rect(120,10,25,25,15)
rect(150,10,25,25,15)
```

これは5行だけですが「10」あるいは「20」必要なときはどうでしょうか。

同じ命令をたくさん書かなくてはなりません。プログラムが長くなって大変ですし、あまりカッコイイ書き方でもないですね。

「for」命令を利用すれば、何個ぶんであろうと回数を指定するだけですむので、上手く利用すれば効率の良いプログラムを書くことができます。

●300の星を画面に散りばめる

「繰り返し処理」の応用です。

夜空いっぱいに300個の星(点)を散りばめてみましょう。

```
cls(2)
for i=1,300 do
        x=math.random(240)
        y=math.random(136)
        pix(x,y,14)
end
print("Wonderful starry sky",60,64)
```

実行画面 (lesson8.tic)

これを「for」命令を使わずに「pix」命令だけでやろうとしたら大変ですよね。

＊

ところで、プログラムの**5行目**にさりげなく「math.random」という命令が登場しています。

この命令は、カッコ内で指定された値の範囲で乱数を返します。

「変数 x」には「1 〜 240」のいずれかの値を、「変数 y」には「1 〜 136」の範囲のいずれかの値を代入します。

乱数で得た座標に「pix」命令で点を描いているわけです。

★ **learn by trial and error!**

「300」という数字を変えて、星の数を調整
してみましょう。
「乱数」を利用して個々の星の色を変えてみ
るのもいいかも。メッセージの「文字列」を
変えるだけでもイイと思います。

プログラムを自分なりに改造して、どんな
ふうに動作が変わるか試してみましょう。

● **テーブル変数のデータ数**

「テーブル変数名」の前にシャープ記号（#）を付けると、その「テーブ
ル変数」に格納されているデータの総数を得ることができます。

「for」命令と組み合わせると、次のように利用できます。

```
nm={"Aletta","Emily","Holly","Olivia","Rachel","Nancy","Marga
ret"}
for i=1,#nm do
    print(nm[i],0,10*i)
end
```

実行画面 (lesson9.tic)

「テーブル変数 nm」には、7人の名前がデータとしてセットされている
ので、「#nm」の値は「7」になります。

7回の繰り返し処理で「テーブル変数nm」の内容一覧を表示しています。

●「break」命令について

「for」命令と「break」命令を組み合わせると、さらにテクニカルな処理が可能です。

繰り返し途中の処理から強制的に脱出させるのが「break」命令です。

```
i=0
for i=1,5 do
        if i==3 then break end
        print("COUNT="..i,0,8*i)
end
print("BREAK! COUNT END.",10,50)
```

実行画面 (lesson10.tic)

　上記プログラム例では、ループ用の「変数i」が「3」になった時点、つまり3回目のループになると、「if」命令の判定で「break」命令が実行されます。

　「break」命令が実行されると、繰り返し回数がまだ残っていても強制的にループから抜け出し、「for」に対応した「end」の次の命令から実行を続けます。
　「if文」の条件を変えて、何度か試してみてください。

●「繰り返し命令」の多重処理

さらに「for」命令は多重に使うことも可能です。

```
i=0;j=0;y=0
for i=1,5 do
        print("Out loop i="..i,0,y)
        y=y+8
        for j=1,2 do
                print("In loop j="..j,20,y)
                y=y+8
        end
end
```

実行画面 (lesson11.tic)

　上記の例では5回繰り返す「ループ構造」の中に、さらに2回繰り返す「for
～ end」命令があります。

　なお、繰り返しが多重になった場合でも「break」命令は対応するループ
に対して機能します。

*

　ちなみに、最初の1行で「変数i,j,y」に初期値「0」を代入していますが、
これは「マルチステートメント」という記述方法で、セミコロン「;」で区
切ることで1行中に複数の命令を書くことができます。

　この先でもプログラムを見やすくするために使われると思うので、この書
き方も覚えておいてください。

■ 条件分岐命令

条件によってプログラムの流れを分岐させる方法について、先の項ですでに登場していましたが、「if」命令を使います。

＊

「if」命令で指定された条件式が満たされた場合、「if」命令の「then ～ end」の中に書かれた命令を実行します。

条件が合っていなければ文中に書かれた命令は実行されず、「then ～ end」の次の行からプログラムは実行を続けます。

＊

「条件式」では、以下の「比較判定」をすることが可能です。

条件式	意　味
a==b	a と b は等しい
a~=b	a と b は等しくない
a<b	a は b よりも小さい
a>b	a は b よりも大きい
a<=b	a は b よりも小さいか等しい
a>=b	a は b よりも大きいか等しい

条件式の後には「then」と書き、条件が成立した場合に実行する部分を書きます。

＊

以下、「if」命令を使ったプログラムの例です。

```
a=10
if a==10 then print("a is 10.") end
```

また、上記プログラムは「then」後の部分を改行し、次のように書くこともできます。

```
if a==10 then
        print("a is 10.")
end
```

「if」の後「a==10」の部分が「条件式」です。

「変数 a」の内容が「10」だった場合、その後に書かれている「print」命令が実行されます。

もし「変数 a」が「10」でなければ、「print」命令は実行されません。

また、「if」命令には「else」命令を追記し、条件が満たされなかった場合の処理を書くこともできます。

```
if a==10 then
        print("a is 10.")
else
        print("a is not 10")
end
```

この場合は「else」命令のある部分までは、条件が成立する場合に実行され、「else」命令以降が、条件が不成立だった場合に実行されます。

そして「if」命令の終わりを示す「end」以降は、条件に関わらず通常通りに実行されます。

「変数 a」の代入値や条件式を変更していろいろと試してみましょう。

■「ラベル」と「goto」命令

もし、条件によってプログラムの流れを別の行からの実行に変えたい場合には、次のように「ラベル」を使って実現できます。

```
a=15w
if a~=10 then goto not10 end
print("a is 10.")
goto skip
::not10::
print("a is not 10.")
::skip::
```

「ラベル」はプログラム上の位置を示すために使います。

コロン2つ「::」をラベル名の前後に付けて、任意の半角英数字で名前を付けることができます。

上記の通り、「goto」命令でプログラムの別の行 (ラベルの指定された行) に飛ばすことが可能です。

「乱数」と「条件式」を利用したプログラムを示します。

```
r=math.random(3)
if r==1 then print("Guu!") end
if r==2 then print("Choki!") end
if r==3 then print("Paa!") end
```

実行画面 (lesson14.tic)

乱数命令で「1 〜 3」の範囲の値を「変数 r」に代入しており、実行するたびに異なる結果「Guu!」「Choki!」「Paa!」のいずれかが表示されます。

■ より複雑な条件判断

複数の条件を判定する場合には「or」「and」という識別子を使うこともできます。

・条件式 A and 条件式 B → A と B がともに正しい
・条件式 A or 条件式 B → A と B のどちらかが正しい

これによって複数の条件を一度に記述できます。

```
a=10;b=20
if a==10 or b==10 then
    print(" Either a or b is 10.")
end
```

　上記の例では「a==10」と「b==10」という条件式を「or」でつなぎ、どちらかが正しければ「Either a or b is 10.」と表示されるようにしています。

　「if」命令で実行する内容を複数行で書くには、次のように書きます。

```
a=10
if a>5 then
        print("Draw Circle")
        circb(120,64,40,8)
else
        print("Draw Rectangle")
        rectb(40,25,160,80,8)
end
```

　その他、「if」命令を多重に実行させることも可能です。

```
a=10;b=10;c=10
if a>5 then
        if b>5 then
                if c>5 then
                        print("--3")
                else
                        print("--2")
                end
        else
                print("--1")
        end
end
```

　上記では、「変数a」だけが「5」より大きい場合は「--1」を、「変数a,b」だけが「5」より大きい場合は「--2」を、「変数a,b,c」が「5」より大きい場合は「--3」を表示します。ややこしいですね。
　「変数a,b,c」の値をいろいろと変えて何度か試してみてください。

「if」命令を多重化するとプログラムが複雑になりやすいので、ロジックをよく整理して、注意して使うようにしましょう。

■ 条件による繰り返し処理

「条件指定」と「繰り返し」の処理を合わせもった命令があります。

場合によっては、「if」と「for」を使わずにこの命令1つですむかもしれません。

「while」命令は、指定した条件が成立している限り、「while ～ end」の間にある処理を繰り返します。

```
r=0;c=0
while r<90 do
        c=c+1
        r=math.random(100)
end
cls()
print("c="..c,0,0)
print("r="..r,0,8)
```

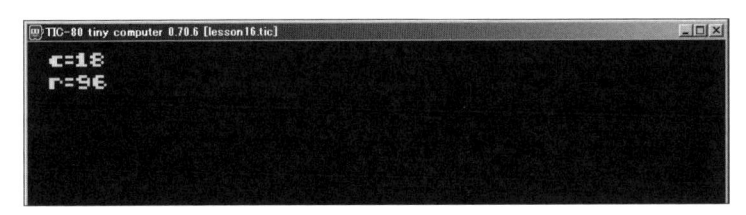

実行結果 (lesson16.tic)

「while ～ end」の処理中で「変数 r」に乱数を代入していますが、「r」の内容が「90」より小さいうちは条件が成立するので、ずっと「ループ処理」を続けます。

「r」に「90」以上の乱数が代入されるとループを抜け、「end」以降の行を実行します。

上図は、ループ18回目(変数 c)で乱数「96」(変数 r)が得られたので、条件が不成立となり、ループを抜けて「print」命令で「変数 c」と「r」の内容が表示された結果です。

*

　他にも「while」命令によく似た繰り返し処理を行なう命令として「repeat 〜 until」があります。

　この命令はループの最後 (until) に条件式をチェックするので、ループ中の処理を少なくとも 1 回は実行します。

```
c=0
repeat
        c=c+1
        r=math.random(100)
until r>89
cls()
print("c="..c,0,0)
print("r="..r,0,8)
```

　「while」命令とは逆に、条件が成立するとループを脱出するので、不成立の間は処理が繰り返されます。

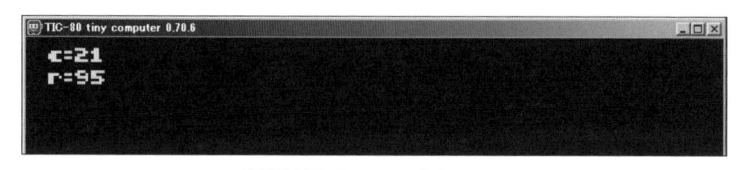

実行結果 (lesson16u.tic)

　「while 〜 end」と「repeat 〜 until」、どちらも上手く使えば「if」や「for」を多用しないですむ便利な命令です。それぞれの特徴をよく理解して使い分けるようにしましょう。

*

　「初級編」の最後は「関数」についてです。

　地味〜なプログラムばかり続いたので眠くなってきているかもしれませんが、もうちょっとだけ頑張ってください。

■ 定番の処理は「関数化」しよう！

　よく使う、やり方の決まっている処理は **「関数化」** すると便利です。

　「関数化」はプログラムの一部の機能を抜き出して、メイン処理から呼び

出す形で汎用的に利用するための手法です。

　関数を上手くまとめることができると、メインの処理が概要化するので全体的にプログラムを把握しやすくなったり、改修やデバッグが効率化するなどのメリットがあります。

＊

　プログラムの関数化(関数を定義)には「function」命令を使います。

```
function sight()
    line(x,0,x,135,8)
    line(0,y,239,y,10)
    circb(x,y,20,15)
end

function TIC()
    cls()
    x,y,m=mouse()
    if m then sight() end
    print(x,0,0)
    print(y,30,0)
    print(m,60,0)
end
```

　マウスをクリックすると、クリックした画面座標を中心に「ターゲット・スコープ」が表示されます。

　「ターゲット・スコープ」を描画する処理を関数化しており、マウスをクリックしたときにだけ呼び出されるようになっています。

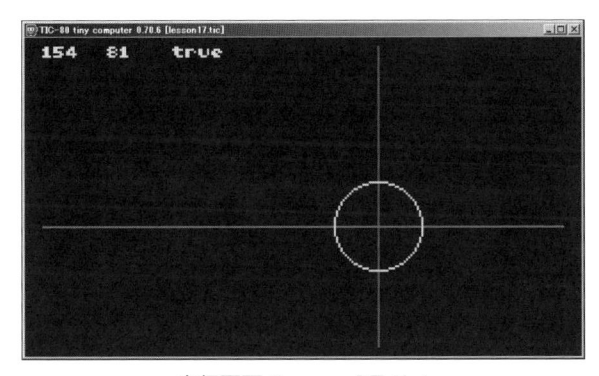

実行画面 (lesson17.tic)

「mouse」命令ではマウスの X,Y 座標と左ボタンが押されているかどうかの情報を取得できます。

命令文「x,y,m＝mouse()」でマウスの X,Y 座標が「変数 x,y」に代入され、左ボタンが押されていないときは属性値「false」が、押されていれば「true」が「変数 m」に入ります。

「if」命令で「変数 m」の内容を判定し、「true」であれば関数「sight()」を呼び出しています。

関数「sight()」では「変数 x,y」を中心として「line」命令と「circb」命令を使って「ターゲット・スコープ」を描いています。

★ learn by trial and error!

プログラムを改造してください。
たとえば関数「sight()」の内容を変更して、クリックした座標に描かれるものを変えてみましょう。

中級編

初級編までで基本は分かったでしょうか？
それでは実際に簡単なゲームを作りながらさらに学んで
いきましょう。

■ ゲームのロジックについて

ちょっと強引かもしれませんが、ここはあえて言い切っておきましょう。
一般的なゲームプログラムの処理構成は次のようになっています。

① 変数の設定 (VARIABLES)
② 各種関数の定義 (FUNCTIONS)
③「ゲーム・データ」の初期化 (INITIALIZE)
④ ゲーム・ループ (GAME LOOP)
　・ゲームオーバーのチェック (CHECK FOR GAME OVER)
　・ユーザーからのキー入力 (CHECK FOR USER INPUT)
　・「ゲーム・データ」を更新 (UPDATE GAME DATA)
　・ゲーム画面を描く (DRAW GAME GRAPHICS)

あくまで一例として、必ずしも「この通りに作るべきだ！」というワケ
ではありませんが、ゲームを作るとき、どんな処理を、どんな順番で作れば
いいのか分からない場合は、このような構成で考えれば作り始めるときの
目安にできます。

ちなみに「TIC-80」を起動時に自動読込みされる「HELLO WORLD!」
プログラムも同様の構成で書かれているので、ベースにして作っていくと
多少は楽かもしれません。

■「ポン」を作る

それでは「ポン」という単純な「ピンポンゲーム」を題材にして、実際に
この構成に従って作ってみましょう。

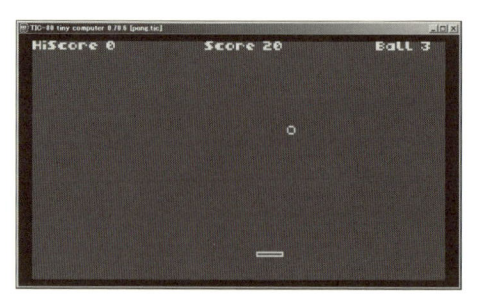

「ポン」実行画面 (pong.tic)

　画面に登場するのは、「小さなボール」と、キーで左右に動く板のような「ラケット」だけ。

　ボールは「画面の上」と「左右の壁」「ラケット」に当たると跳ね返ります。
　ラケットで跳ね返すごとにスコアが上がり、ラケットでボールを受け損ねるとボールの残数が減り、0個になるとゲームオーバーです。。
　スコアが前のハイスコアを超えていればハイスコアが更新されます。

・「ポン」プログラムリスト

```
--
hi=0;sc=0

function init()
      if sc>hi then hi=sc end
      sc=0
      px=120;bl=4
      cx=0;cy=150
end

function set_ball()
      local x,y,dx,dy
      x=math.random(240)
      y=math.random(34)
      dx=0;dy=0
      while dx*dy==0 do
            dx=math.random(3)-2
            dy=math.random(3)-2
      end
      return x,y,dx,dy
end

function game_over()
```

```
            cls(5)
            print("GAME OVER",96,64)
            if btnp(4) then init() end
end

init()

function TIC()

    -- Start with [Z]
    if bl<1 then
            game_over();return
    end
    -- Move Racket
    if btn(2) then px=px-2 end
    if btn(3) then px=px+2 end

    -- Move Ball
    if cx<0 or cx>239 then cdx=-cdx end
    if cy<0 then cdy=-cdy end
    if cy<150 then
            cx=cx+cdx
            cy=cy+cdy
    else
            bl=bl-1
            cx,cy,cdx,cdy=set_ball()
    end

    -- Hit Racket
    if math.abs(cx-px)<9 and math.abs(cy-120)<1 then
            cdy=-cdy;sc=sc+10
    end
```

```
        cls(5)
        circb(cx,cy,2,15)
        rectb(px-8,120,16,3,15)

        print("HiScore "..hi,0,0)
        print("Score "..sc,100,0)
        print("Ball "..bl,200,0)

end
--
```

それでは、上記プログラムリストを分解して解説していきましょう。

● 変数の設定 (VARIABLES)

ゲーム全体で使う基本的な変数を設定する場所です。

たとえば、一度設定したら再設定しないような「ゲームのスピード設定」「ハイスコア」など。

RPGならモンスターやアイテムの「パラメータ・リスト」などを記述してもいいと思います。

すべての変数をここで設定する必要はなく、変数の役割によってここに記述するようにします。

本ゲームでは「ハイスコア」と「スコア」用の「変数hi」と「sc」だけを初期化しています。

```
hi=0;sc=0
```

● 各種関数の定義 (FUNCTIONS)

「ゲーム・ループ」から呼び出す関数の定義をする場所です。

何度も利用するような処理は関数化して、いつでも呼び出せるようにまとめておくとプログラムコードの節約にもなり、読みやすさも向上してデバッグも楽になります。

*

本ゲームでは、以下3つの関数を定義しました。

関数「init()」では、「ハイスコア更新処理」と「ゲーム再開時の変数の初期化」を行ないます。

変数「px」はラケットのX座標、「bl」はボール数、「cx,cy」はボールのX,Y座標となっています。

```
function init()
        if sc>hi then hi=sc end
        sc=0
        px=120;bl=4
        cx=0;cy=150
end
```

関数「set_ball()」では、乱数を元に「ボールの初期配置」(x,y)と「移動方向」(dx,dy)を決め、その値を呼び出し元に渡します。

```
function set_ball()
        local x,y,dx,dy
        x=math.random(240)
        y=math.random(34)
        dx=0;dy=0
        while dx*dy==0 do
                dx=math.random(3)-2
                dy=math.random(3)-2
        end
        return x,y,dx,dy
end
```

関数「game_over()」では、ゲームオーバー状態の処理として「GAME OVER」の表示と、[Z]キーが押された場合には関数「init()」を呼び出すよう定義しています。

```
function game_over()
        cls(5)
        print("GAME OVER",96,64)
        if btnp(4) then init() end
end
```

●「ゲーム・データ」の初期化 (INITIALIZE)

　ゲーム再開時にはリセットしたい変数の初期値を設定するなど、ゲーム・ループ開始直前の準備をする場所です。

　本ゲームでは、先に定義した関数「init()」を呼び出しています。

```
init()
```

●ゲーム・ループ (GAME LOOP)

　まさにゲームプレイ中の処理が実行される場所です。

　「TIC-80」では「ゲーム・ループ」する場所は「function TIC()」として定義されており、プログラム実行中はこの関数が自動的に毎秒60回呼び出され、実行される仕組みになっています。

　この典型的なゲーム・ループ内の処理は、次のようになります。

```
function TIC()
```

・ゲームオーバーのチェック (CHECK FOR GAME OVER)

　「変数 bl」が 0 個であればゲームオーバー状態として関数「game_over()」を呼び出しています。

```
if bl<1 then
    game_over();return
end
```

・ユーザーからのキー入力 (CHECK FOR USER INPUT)

　押されたキーによりラケットのX座標を増減し、左右に移動させます。

```
-- Move Racket
if btn(2) then px=px-2 end
if btn(3) then px=px+2 end
```

・「ゲーム・データ」を更新 (UPDATE GAME DATA)

　ボールの座標が壁 (上左右の画面端) に達したときには移動方向 (変数
cdx,cdy) を反転させ、そうでないときには「変数 cx,cy」に「cdx,cdy」を加
算し、ボールを移動させています。

　ボールの Y 座標が 150 以上だった場合は残数を 1 個減らし、関数「set_
ball()」を呼び出します。

```
-- Move Ball
if cx<0 or cx>239 then cdx=-cdx end
if cy<0 then cdy=-cdy end
if cy<150 then
        cx=cx+cdx
        cy=cy+cdy
else
        cx,cy,cdx,cdy=set_ball()
        bl=bl-1
end
```

　ボールとラケットの座標の差分 (距離) を比較して当たり判定を行なって
います。
　「math.abs」命令は数値の絶対値 (マイナスを取り去る) を返します。
　当たっていると判定すれば、縦軸の移動方向 (変数 cdy) を反転。スコア
を +10 点します。

```
-- Hit Racket
if math.abs(cx-px)<9 and math.abs(cy-120)<1 then
        cdy=-cdy;sc=sc+10
end
```

・ゲーム画面を描く (DRAW GAME GRAPHICS)

画面をクリア後、「circb」命令でボールを、「rectb」命令でラケットを描画。「print」命令で「ハイスコア」「スコア」「ボール残数」を表示しています。

```
cls(5)
circb(cx,cy,2,15)
rectb(px-8,120,16,3,15)

print("HiScore "..hi,0,0)
print("Score "..sc,100,0)
print("Ball "..bl,200,0)

end
```

ゲーム自体はとても単純なので、あまり面白くないかもしれませんが、ここではゲームを動かすためにプログラムがどのように機能しているのかを理解することが目的です。

ホビープログラミングに決まったやり方なんてありませんが、四コマ漫画の「起承転結」のように各セクションの役割を大体決めておくと、作りやすくなる面はあると思います。

手法の1つとして覚えておいて損はないでしょう。

■ グラフィック表示の基本

「スプライト」(ドット絵)と「マップ」について、おさらいします。

「TIC-80」では**「ドット絵」**を**「スプライト」**と呼び、基本的にスプライト1個が**「8×8」ドット**になっています。

「スプライト」には番号が「0」から割り振られており、「スプライト・エディタ」のBGエリアに描かれたぶんが「0〜255」、FGエリアのぶんが「256〜511」番となっています。

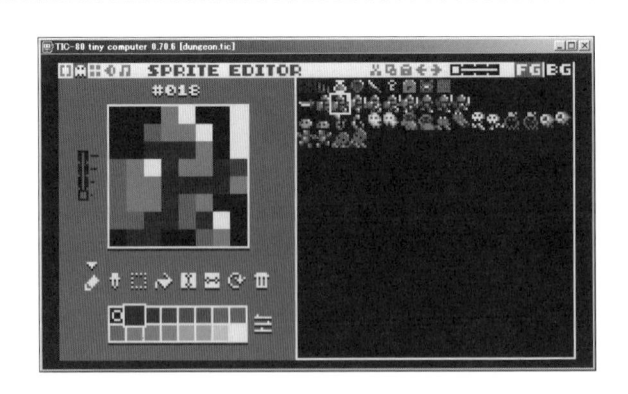

描いたスプライト「0 ～ 255」番を配置してマップを作ります。
「256 ～ 511」番はマップには配置できません。

　プログラムからはスプライトは「spr」命令、マップは「map」命令で表
示できます。

・書式

```
spr(id, x, y, [colorkey=-1], [scale=1], [flip=0], [rotate=0],
[w=1, h=1])
```

・各パラメータの意味

id	スプライト番号
x,y	スプライトを表示する座標
colorkey	透明色とするパレット番号 (–1 は透明なし)
scale	拡大率
flip	左右反転 (1 で反転、0 は反転なし)
rotate	回転 (1 ～ 3 で 90 度ずつ回転、0 は回転なし)
w,h	対象スプライトの範囲

・書式

```
map([x=0, y=0], [w=30, h=17], [sx=0, sy=0], [colorkey=-1],
[scale=1], [remap=nil])
```

・各パラメータの意味

x,y	マップ全体のどの位置から表示させるか
w,h	画面に表示させる範囲
sx,sy	画面のどの座標から表示するか
colorkey	透明色とするパレット番号 (-1 は透明なし)
scale	拡大率
remap	スプライトアニメーション用コールバック関数

※ [] で囲まれたパラメータは省略可。値は省略時のデフォルト値。

*

ではレッスン開始です。

[1] まず、「スプライト・エディタ」を開き、1 つでも何かを描いてみましょう。
「BG エリア」でも「FG エリア」でも、スプライトの何番に描いてもかま
いません。

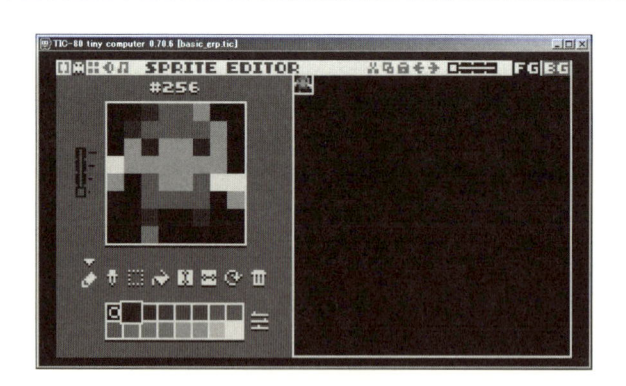

[2] 描けたら「コード・エディタ」を開き、「spr」命令で表示してみましょう。

```
function TIC()
      cls()
      spr(256,116,64)
end
```

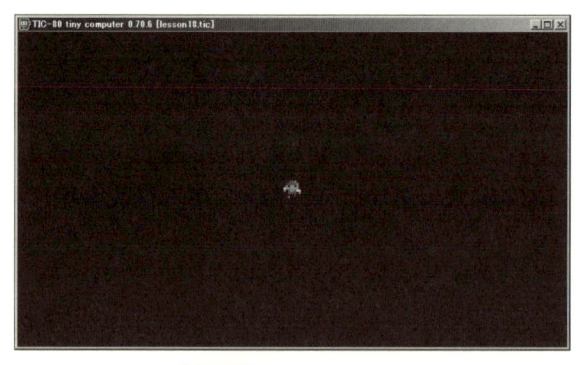

実行画面 (lesson18.tic)

　画面の中央にポツンと表示されました。

　このキャラクターを描いた場所は「FG エリア」のいちばん左上なのでスプライト番号は「256」番になります。

　ゲーム・ループ関数「function TIC() ～ end」の中で、最初に「cls」命令で画面クリアしてから「spr」命令でスプライト 256 番を座標 (116,64) に表示しています。

　省けるパラメータは潔く省略しているので命令文も簡潔ですね。

[3] 次に「マップ」を描いてみましょう。

まず、「スプライト・エディタ」を開き、「BG エリア」にマップに配置したいドット絵を描きます。

何個でもいいですが、いくつかあったほうがあとでマップらしく出来上がると思います。

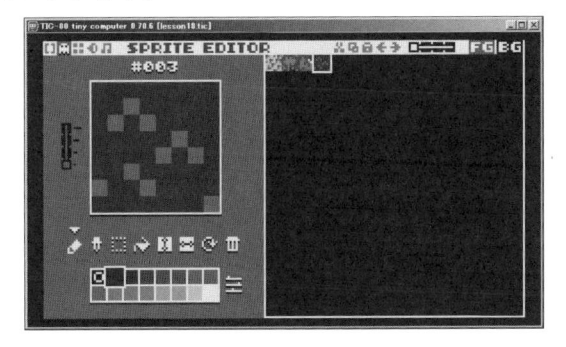

[4] 描けたら、次に「マップ・エディタ」を開き、「スプライト」をマップ上に配置していきます。

いちばん右上の▼アイコンから「スプライト」を選択し、左クリックでマップ上に配置していきます。

マウスの右ボタンでマップ画面をドラッグできます。

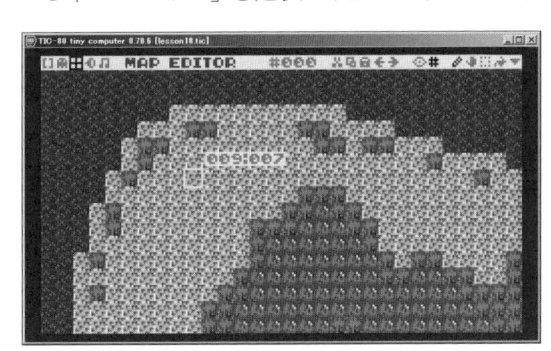

目のアイコンをクリックすると、マップ全体図を俯瞰したり、マップ上を大きく移動できます。

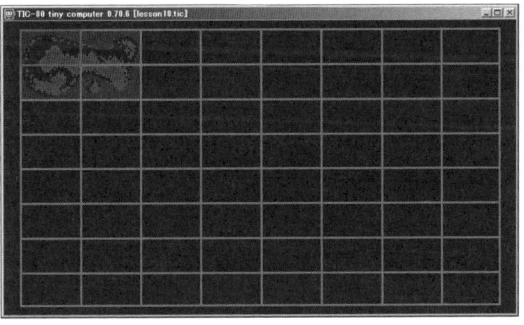

[5] 配置できたら「コード・エディタ」を開きます。
　先ほどのプログラムに「map」命令を追加してみましょう。

```
function TIC()
      cls()
      map()
      spr(256,116,64)
end
```

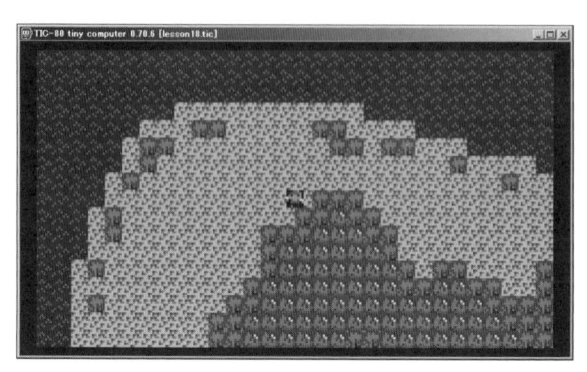

実行画面

　パラメータは全部省きましたが、マップ座標 (0,0) の位置から「30 × 17 マス」ぶんのサイズで表示されたと思います。

[6] 次は、中央のキャラクターの背景が透けていないので、「spr」命令にパラメータを追加して「パレット 0 番」の色を「透明色」に指定し、さらにキャラクターの座標を「変数 x,y」にします。

　こうすると「x,y」の値が変わったときに表示される場所も変わります。
　方向ボタンが押されたときに「変数 x,y」の値を増減させて座標移動できるようにします。
　初期値は「x=116」「y=64」として「function TIC()」の手前に記述します。

```
x=116;y=64
function TIC()
        if btn(0) then y=y-1 end
```

```
        if btn(1) then y=y+1 end
        if btn(2) then x=x-1 end
        if btn(3) then x=x+1 end
        cls()
        map()
        spr(256,x,y,0)
end
```

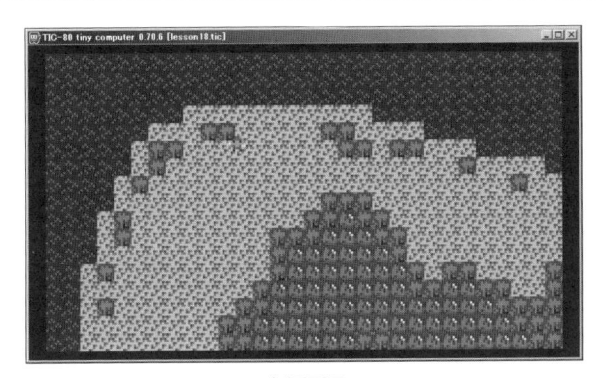

実行画面

方向キーを押すと、キャラクターを動かせます。

　いかがでしょうか。出来上がったのはデフォルトで読み込まれる「HELLO WORLD!」プログラムとほぼ同じようなものになりましたが、手順を踏まえて進めることで「TIC-80」の仕組みに対する理解を深められたのではないかと思います。

[7] さらに「変数 x,y」をキャラクター座標ではなく、マップ座標として入れ替えてみましょう。
　「map」命令のパラメータに座標として「変数 x,y」を指定します。
　キャラクター座標は元通り (116,64) に固定。「変数 x,y」の初期値はどちらも「0」にします。

```
x=0;y=0
function TIC()
        if btn(0) then y=y-1 end
```

```
    if btn(1) then y=y+1 end
    if btn(2) then x=x-1 end
    if btn(3) then x=x+1 end
    cls()
    map(x,y)
    spr(256,116,64,0)
end
```

実行画面 (lesson19.tic)

　方向キーを押すと、キャラクターは中央に固定されたままでマップのほう
が動きます。どうです、面白いでしょう？

■ 単純なシューティングゲーム

　プログラムする前に「自機」「弾」「敵」のスプライトを描いて準備します。

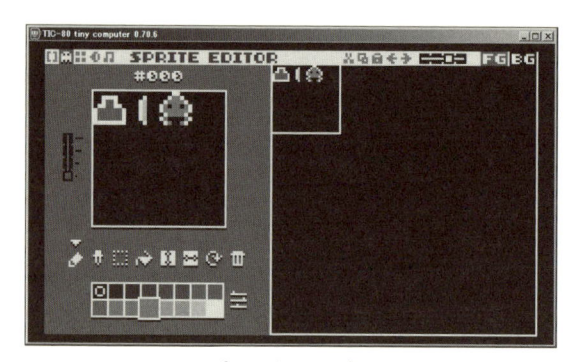

スプライト・エディタ

● 自機キャラクターの移動

　前述されていますが、「btn」命令によるキャラクターの移動処理は、次のようになります。

```
x=120
function TIC()
        if btn(2) then x=x-1 end
        if btn(3) then x=x+1 end
        cls()
        spr(0,x-4,124)
end
```

　とてもシンプル、そしてもはやお馴染みの構成ですね。

　押されたキーによって自機の座標（「変数 x」を加減算する「if 文」の処理と、その座標に自機を表示する「spr」命令で組まれています。

　X 座標の表示位置を「x-4」としているのは、「8 × 8」ドットのキャラクターの中心点を自機の X 座標とするためです。

　また、左右にしか動かさないので、Y 座標の値は「124」で固定としています。

＊

　プログラムを実行して方向キーで自機を移動させてみてください。

　いちばん端まで行ってもずっと移動し続けると、画面外まで出ていってしまいます。

　これは「変数 x」の加減算による値の範囲を制限していないからです。

　「if 文」に次のように条件を追加します。

```
if btn(2) and x>4 then x=x-1 end
if btn(3) and x<236 then x=x+1 end
```

　「TIC-80」の画面サイズは「240 × 136」ドット。

　X 座標は左から「0 ～ 239」、Y 座標は上から「0 ～ 135」なので、自機が左へ移動する場合には、「変数 x」を減算する前に「x」が「4」よりも大きいかどうか。右へ移動する場合には、「変数 x」を加算する前に「236」よりも小さいかどうかを判定させるようにしました。

実行画面 (lesson20.tic)
これ以上は行けない！(左端も同じように行けません)

これで「自機の移動」はパーフェクトです。
次は自機に「弾を発射」させてみましょう。

●弾を発射する

[Z] キーが押されたら弾が発射されるようにします。

弾も移動する物体なので自機と同じように「座標を示す変数」が必要です。
変数名は任意ですが、ここでは「変数 bx,by」を弾の座標とします。

*

プログラムは次の通り。
少し長くなってきたので、コメント (-- の部分) も入れてみました。

```
x=120;bx=x;by=-9
function TIC()
      -- Move PLAYER TANK
      if btn(2) and x>4 then x=x-1 end
      if btn(3) and x<236 then x=x+1 end
      -- Shot PLAYER TANK
      if btnp(4) and by<-7 then bx=x;by=124 end
      if by>-8 then by=by-3 end
      cls()
      spr(0,x-4,124)-- Display TANK
      spr(1,bx-4,by-4)     -- Display SHOT
end
```

　追加したのは **1 行目**の「変数 bx,by」への初期値設定と、コメント「--
Shot PLAYER TANK」配下の 2 行ぶん、それと弾表示用の「spr」命令が
1 行だけです。

　まずはこれを実行して動作を確認してみましょう。

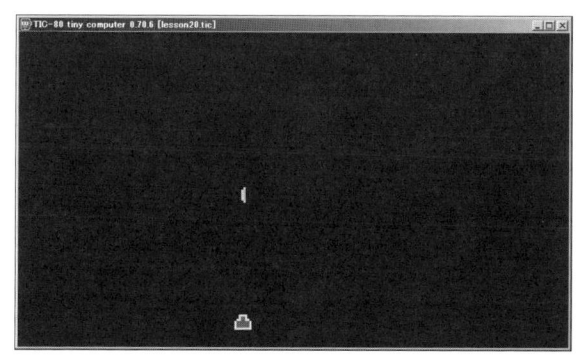

実行画面
スペースキーを押すと弾を発射！

　さあ、これはどういうロジックで動いているのでしょう。追加された部分
だけで弾が発射される処理は動いています。

　できれば解説する前にちょっとプログラムを眺めて考えてみてください。

●弾発射処理の解説

　弾の座標を示す変数は「bx,by」です。

　その変数の Y 座標となる「by」が **1 行目**で「-9」に設定されています。
弾は最初、画面上方の座標外にあるというわけです。

　次に、コメント「-- Shot PLAYER TANK」配下にある処理ですが、1 つ
目の「if 文」には 2 つの条件式があり、①「btnp(4)」が成立（[Z] キー押下）
することと、②「変数 by」の内容が「-7」よりも小さいことです。

　この 2 つの条件が満たされたとき、以降の「bx=x;by=124」が実行され
るようになっています。（x,124）は自機を示す座標です。

　つまり、この「if 文」の内容は、

> 弾の座標が「-7」より小さいときに [Z] キーが押されると、弾の座標を自機
> と同じ座標にセットする

という処理になるわけです。

＊

　その次の2つ目の「if文」は条件式が「by>-8」つまり「変数by」の内容が「-8」より大きい場合に実行される弾の移動処理になっています。

　「変数by」は、内容が「-8」より大きい限り「if条件」が成立するので「-3」され続け、最後には「-8」以下の値になるでしょう。

　「-8」以下になったら、この「if文」以降の減算処理は実行されません。

　「変数by」はマイナス値のまま変更されない状態になります。

　すると弾を発射する1つ目の「if文」のほうの条件式を成立させるのが可能な状態になります。

　お分かりでしょうか？

　こういったロジックが繰り返されて、「弾の発射」と「移動」の処理をコントロールしているのです。

●敵の発生と移動処理

　次は、「敵」を登場させます。

　登場させたら取りあえず動かさないといけません。

　単純ですが、「上から現われては徐々に降りてくる」という動きにしましょう。

　敵用の変数を用意します。

ex,ey	敵の座標
dx,dy	X,Y方向の移動量
dc	移動距離カウンタ

　以下プログラムを追加します。

---

[1] 最初にゲーム・ループの手前で変数を初期設定。

```
ex=x;ey=144;dx=0;dy=0;dc=0
```

[2] ゲーム・ループ中に敵の出現と移動の処理を追加。

```
-- Born ENEMY
if ey>143 then
        ex=math.random(240);ey=-8
        dc=8;dx=0;dy=1
end
-- Move ENEMY
if ey<144 then
        if dc>0 then
                ex=ex+dx;ey=ey+dy;dc=dc-1
                if ex<0 or ex>239 then dx=-dx end
        else
                dc=math.random(48)+32
                dx=math.random(3)-2;dy=0
                if dx==0 then dc=8;dy=1 end
        end
end
```

[3] 最後に「spr」命令で敵の表示処理を追加します。

```
spr(2,ex,ey)  -- Display ENEMY
```

[4] 全部追加できたら実行して
動作確認してみましょう。

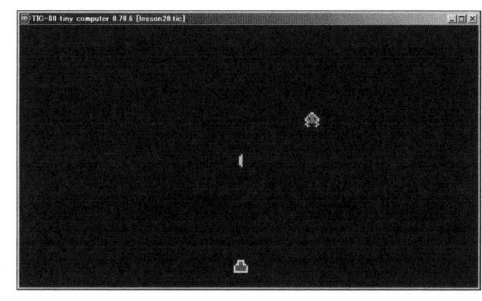

実行画面

　コメント「-- Born ENEMY」以下の「if文」は、敵のY座標が「143」
より大きい(画面外)場合に実行される処理です。

　ここでは敵発生時の「初期座標」(変数 ex,ey)と「移動方向」(変数 dx,
dy)、「移動する距離」(変数 dc)を決定しています。

＊

　コメント「-- Move ENEMY」下の「if文」は、敵のY座標が 144 より小

さい場合に実行される処理になっています。

同じ方向への移動距離をカウントする「変数 dc」をチェックし、まだカウントが「0」より大きければ「変数 ex,ey」に「dx,dy」を加算し、敵の移動処理を行ないます。

「dc」が「0」になった場合は、新たな移動方向を乱数で設定しますが、このとき「変数 dx」に与える乱数値が「0」なら下方向への移動としています。

ロジックとしては、前述の「弾の発射」と「移動」に類似していると思います。上下が逆になっている感じですね。

●「当たり判定」を追加する

「敵と弾」「敵と自機」との「当たり判定」処理を追加すると、やっとゲームとして遊べるようになります。

```
-- Collision(ENEMY x SHOT)
if math.abs(ex-bx)<4 and math.abs(ey-by)<8 then
        by=-9;ey=144
end
-- Collision(ENEMY x TANK)
if math.abs(ex-x)<8 and math.abs(ey-124)<8 then
        exit()
end
```

「if 文」の条件式に使われている「math.abs」命令は ( ) 内の値を「絶対値」にして返します。

> ※「絶対値」とは元の値がプラスならそのまま、マイナスならプラスに置き換えた値。

ここでは「敵と弾の座標の差分」を「絶対値」に変換し、2 つの物体の距離として利用しています。

X 軸、Y 軸の距離 (差分) が小さければ「衝突している」と判定しているわけです。

「敵と弾が当たっている」と条件成立すれば、弾の Y 座標は「-9」に、敵の Y 座標は「144」にして画面上から追い出しています。

2つ目の「if 文」も同様の判定方法で「敵と自機の座標の差分」から「当たり判定」を行なっています。

こちらは条件成立すると「exit」命令でプログラムを終了させるという少々乱暴な終わらせ方になっています。

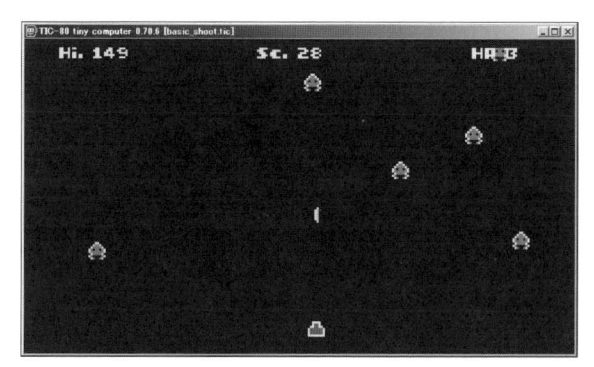

実行画面 (basic_shoot.tic)

*

ゲームとしての面白みはともかく、以上で一応それなりに、最低限のゲームとしてのルールは組み込まれました。

*

では、このプログラムをベースに、ぜひ以下の課題にチャレンジしていただきたいと思います。

課 題

・「タイトル画面」を追加する
・「ゲームオーバー画面」を追加する
・「スコア処理」を追加する
・自機は「3 回までダメージ」に耐えられる
・敵を複数にする
・「複数の弾」を発射できるようにする
・「爆発シーン」を加えてみる

いずれの課題も対応方法は1つではありません。

自分の考えを形にするプログラミングでは、それを考える人の数だけ正解が存在します。

まずは自分で考え、プログラムを改良してみてください。

そして、他にも思いつくアイデアがあればぜひ加えてみてください。

■「アドベンチャー・ゲーム」を作ってみよう

昨今は「ノベル・ゲーム」とも呼ばれていますが、「絵」と「文章」で構成された場面を切り替え、場面ごとの選択肢で行動を決め、物語を進めるゲームスタイルは古くからある「アドベンチャー・ゲーム」とまったく同じです。

*

その作成方法としては、シナリオにあたる「データ部分」と、実行エンジンにあたる「プログラム部分」を独立させる「シナリオ／プログラム分割方式」が一般的です。

この方式は、「シナリオライター」と「プログラマー」がお互い別々に作業可能、それぞれの作業範囲が簡潔になるなどのメリットもあります。

*

「実行エンジン」は、シナリオのテキストデータを1行ずつ読み込んで解釈していきます。

その処理を前提に、最初に「シナリオ・データ」のフォーマットをデザインします。今回は次のように定義しました。

● 字句解釈

行の先頭に「*」か「@」がなければ文章として表示する。
行の先頭が「@」ならシナリオ実行命令として処理する。
行の先頭が「*」なら選択肢の飛び先ラベルとして処理する。

● シナリオ実行命令

@GRP n	指定された番号nのグラフィックを表示
@SEL	選択肢と飛び先ラベルをセット
@INP	@SEL でセットした選択肢を表示し、選択決定するキー入力処理を行なう

● ラベルの書式

*Label　　　　　（ラベル名は任意の英数字で記述）

● シナリオ・データを書く場所

プログラム中でテーブル変数scnにテキストを1行ずつカンマ区切りで記述します。

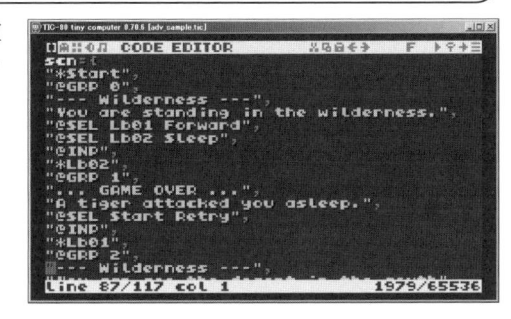

● グラフィックを描く場所

ドット絵のパーツからスプライト数15×8（120×64ドット）で1つの場面として「マップ・エディタ」に作ります。

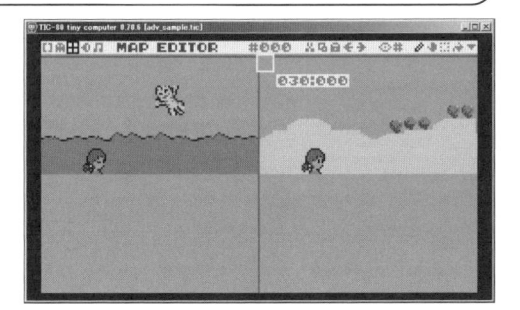

Scene picture on Map Editor

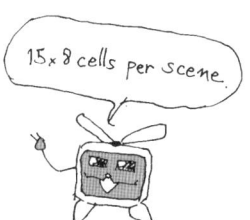

15 × 8 cells per scene.

プログラムは次のようになります。

```
function init()
        lns={};v={};lb={};cho={};msg={}
        mi=0;gn=0;sn=0;pg=1;wt_inp=0;slc=0
end

function split(s)
 local a={}
 for w in string.gmatch(s,"[^ ]+") do
  table.insert(a,w)
 end
        return a
end

init()

function TIC()
        if wt_inp==0 then
                --Read in SCN row
                lns=scn[pg];pg=pg+1
                if pg>#scn then init();return end
                v=split(lns)
                --GRP
                if v[1]=="@GRP" then
                        gn=tonumber(v[2])
                end
                --SEL
                if v[1]=="@SEL" then
                        slc=slc+1
                        lb[slc]=v[2];cho[slc]=v[3]
                end
                --INP
```

```lua
            if v[1]=="@INP" then wt_inp=1 end
            --Store message
            a=string.sub(v[1],1,1)
            if a~="@" and a~="*" then
                    mi=mi%8+1;msg[mi]=scn[pg-1]
            end
    else
            --Scene image
            sx=gn%16;sy=gn//16
            cls();map(15*sx,8*sy,15,8,1,1)
            --Display message
            for i=1,mi do
                    print(msg[i],8,64+8*i)
            end
            --Waiting input
            if btnp(0) then sn=sn-1 end
            if btnp(1) then sn=sn+1 end
            for i=1,slc do
                    print(cho[i],136,8*i)
            end
            sn=sn%slc;print(">",128,8+8*sn)
            if btnp(4) then
                    for i=1,#scn do
                            if lb[sn+1]==string.sub(scn[i],2)
then
                                    pg=i+1;break
                            end
                    end
                    wt_inp=0;slc=0;mi=0
            end
    end
end
```

```
scn={
"*Start",
"@GRP 0",
"--- Wilderness ---",
"You are standing in the wilderness.",
"@SEL Lb01 Forward",
"@SEL Lb02 Sleep",
"@INP",
"*Lb02",
"@GRP 1",
"... GAME OVER ...",
"A tiger attacked you asleep.",
"@SEL Start Retry",
"@INP",
"*Lb01",
"@GRP 2",
"--- Wilderness ---",
"You can see the desert in the south",
" and the forest in the west.",
"@SEL Lb03 South",
"@SEL Good_End West",
"@INP",
"*Lb03",
"@GRP 3",
"--- Desert ---",
"You have found an oasis!",
"@SEL Lb04 Drink_water",
"@SEL Lb01 Turn_backt",
"@INP",
"*Lb04",
"@GRP 4",
```

```
"... GAME OVER ...",
"You was down to quicksand!",
"Oasis was a hallucination!",
"@SEL Start Retry",
"@INP",
"*Good_End",
"@GRP 5",
"--- Forest ---",
"You have finally found the Tororo",
" in the woods!",
"<<< Good End >>>",
"@SEL Start Retry",
"@INP",
"",
}
```

「function TIC() 〜 end」が「実行エンジン」で、「scn={ 〜 }」が「シナリオ・データ」部分にあたります。

「init()」は単に変数の「初期化」をするルーチン、「split()」は文字列を半角スペースで「分割」する関数です。

・変数リスト

scn	シナリオテキストデータを格納
lns	scn から読み込んだ 1 行分のデータ
lb	ラベル名
cho	選択肢の文字列
slc	選択肢の数
msg	表示する文章
gn	表示するグラフィック番号
pg	scn から読み込む現在行
wt_inp	@INP 命令の入力待ちフラグ

●実行エンジンの処理内容

テーブル変数「scn」から1行ずつ文字列を読み込み、先頭に「@」か「*」がなければ文章として表示。

「@」付なら**「命令」**として処理、「*」付なら**「選択肢の飛び先ラベル」**として処理します。

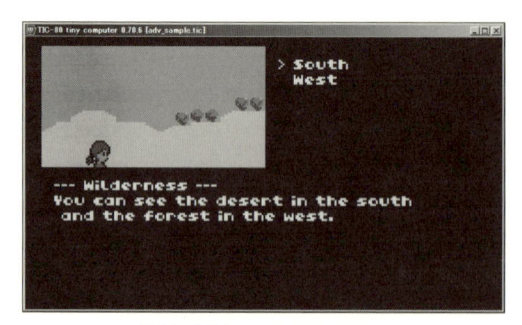

実行画面 (adv_sample.tic)

命令は、前述の**「@GRP」「@SEL」「@INP」**の3種類で、

① 「@GRP」なら「map」命令を使ってグラフィックを表示
② 「@SEL」は選択肢用の文字列と飛び先ラベルを変数にセット
③ 「@INP」処理の際に「@SEL」でセットしておいた変数の内容を使い、選択肢を選んで決定するキー入力処理

を行ないます。

■ ゲームができたら公開しよう！

面白いゲームが出来たら、あなたの作品を世界中の人に遊んでもらいましょう。公式サイトでは世界中の「TIC-80」ユーザーの作品が公開され、日々更新されています。

同サイトでユーザー登録すれば、自分の作品をアップロードして登録・公開できます。

・「TIC-80」公式サイト

https://tic.computer/

●ユーザー登録の方法

[1] ブラウザで公式ページを
開いたら右上にある「Sign
In」をクリックします。

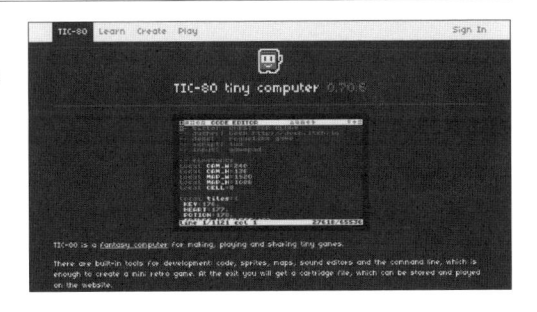

[2] 自分の「ユーザー名」「パスワード」を決めて入力し、「私はロボットで
はありません」にチェック。
　「New to TIC-80?」の右に
ある「Create an account」を
クリックします。
（「Sign in」のほうはユーザー
登録ずみの場合にクリック
する）。

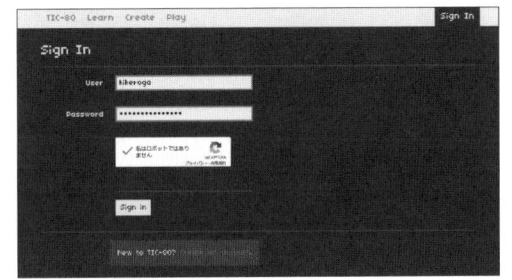

●ログインしてマイページからアップロード

サインインすると右上にユーザー名が表示されます。
それをクリックすると、ユーザー専用のマイページになります。

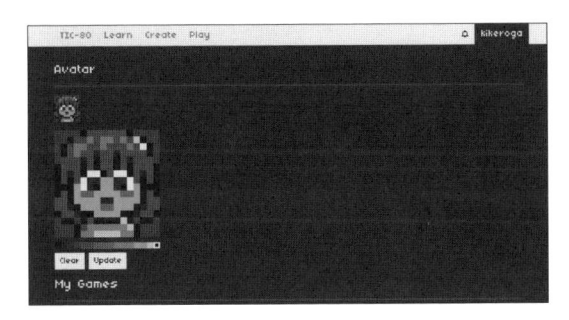

　カートリッジファイルを登録する事前準備として、以下2点をやってお
きましょう。

・プログラム中に「メタデータ」(「タイトル」と「作者名」)を記述しておく
・ゲーム中の画面ショットを [F7] キーで保存しておく

[1] ページの左下のほうにある「Add game...」ボタンをクリックする。

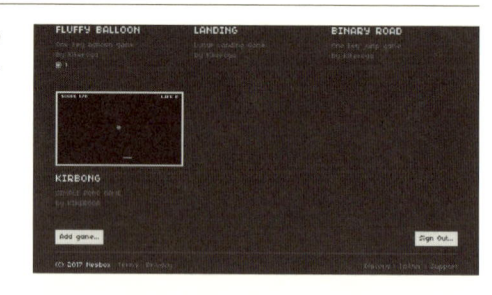

[2]「ファイルを選択」ボタンからアップロードしたいカートリッジファイル (.tic) を選択、「Select Category」以下のチェックボタンで作品のカテゴリーを選び、さらに説明文を入力。
(すべて英語ですが、日本語で書いた説明を Google 翻訳で英訳すれば充分です)

[3] 最後に、「Add game」ボタンを押せば、あなたの作品がアップロードされて、サイトに登録・公開されます。

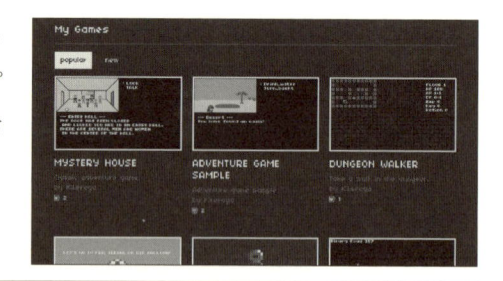

■ 本書サンプルゲームの紹介

　「tic80_book.zip」を解凍すると、「レッスン用プログラム」の他にも以下のゲームが入っています。

　これらのリソースは自由に利用、改変にしてもらって OK です。
　遊んでみる以外にも、改造して自作品としてブラッシュアップするなど、ぜひ活用してください。

●カキゲッツ！ (kakiget.tic)

落ちてくる柿をカゴで受け止めます。

うっかりイガイガの栗を取っちゃうとダメージ。

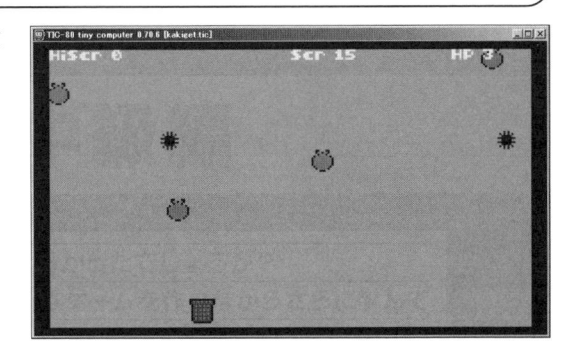

●バイナリーロード (broad.tic)

ただ走る、ひたすらに。それがバイナリーロード。

落とし穴にハマらないようジャンプするんだ！高く、高く…。

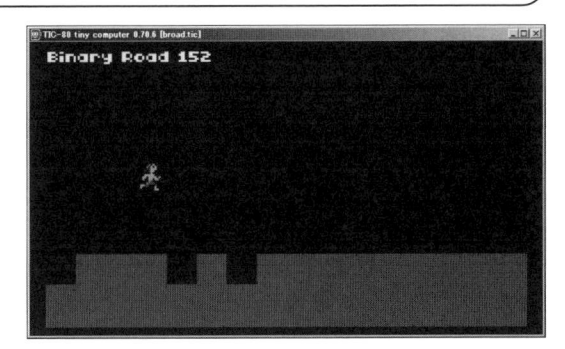

●気球にのってどこまでも (balloon.tic)

気球にのってノンビリ空の旅。

だがそこにカラスの大群が！バーナー制御で気球を操ってカラスを避けろ！

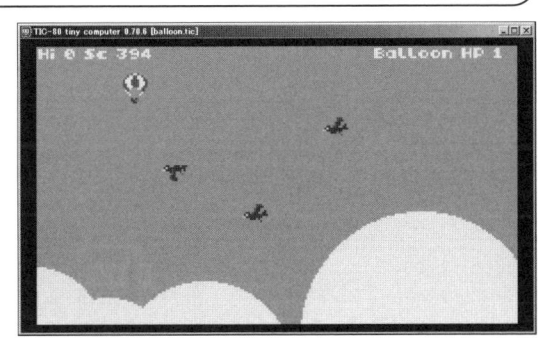

● 月面着陸 (landing.tic)

着陸船を逆噴射制御して静かにクレーターの底に着陸させよ。

それが今の君のミッションだ！

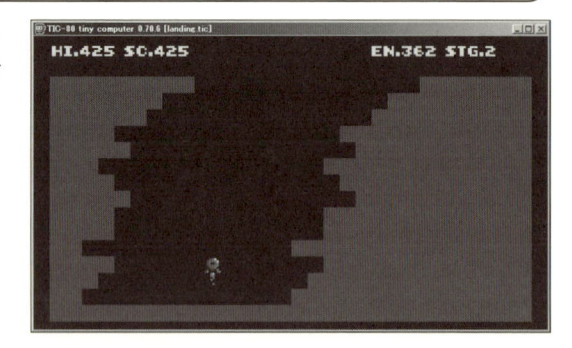

● ダンジョンウォーカー (dungeon.tic)

君は冒険を求め、無数の怪物うごめくダンジョンに挑む。

誰も見ない孤独で果て無き戦いの末路は？

● MYSTERY HOUSE(mysth.tic)

古典アドベンチャー・ゲームの名作を「TIC-80」で再現。隠された宝石と連続殺人！

君は館の謎を解き、生き残ることができるか！？

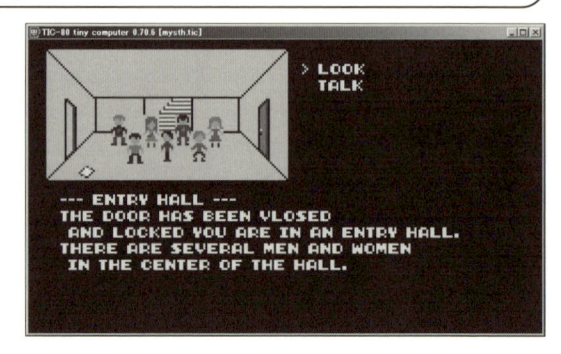

●TINY TREK

世界最古の戦略コンピュータゲームと言ってもいいのではないでしょうか。

テキスト主体の画面は地味ながらその面白さは今でも衰えていないと思います。

■【閑話】世は空想レトロ PC 花盛りの時代

「TIC-80」に限らず、近年は「ファンタジー・コンソール」と呼ばれるジャンルのソフトが数多くリリースされています。

中でも有名なのは「PICO-8」ですが、「ファンタジー・コンソール」と呼ばれるジャンルの元祖でもあったかと思います。

「TIC-80」と同じく「Lua」をベース言語としており、「TIC-80」も少なからずこの「PICO-8」にインスパイアされて開発されたものと思います。

*

この 2 つの空想マシンは「Apple」と「Microsoft」あるいは「iPhone」と「Android」のごとく事実上のライバルなのですが、今やそれ以外にも世界にはたくさんの妄想エミュレータが群雄割拠しているのです。

その一部を紹介しましょう。

名 称	言 語	作 者	価 格	動作環境	解像度
PICO-8	Lua	Lexaloffle	有料	Windows, macOS, Linux, Raspbery Pi	128 x 128
Voxatron	micro-scripting	Lexaloffle	有料	Windows, macOS, Linux	Voxel
「TIC-80」	Lua, MoonScript, JavaScript	Vadim Grigoruk	無料	Windows, macOS, Linux, Android	240 x 136
CToy	C	Anaël Seghezzi	無料	Windows, macOS, Linux	128 x 128
ECoS	Lua	MLJWare	無料	Windows, macOS, Linux	128 x 128
G-eon	JavaScript	Memorix101	無料	Windows, Linux, Raspberry Pi	640 x 480
IBNIZ	Instructions	viznut	無料	Windows, Linux	256 x 256
Leikr	Groovy	Torbuntu	無料	Linux, Raspberry Pi 3b(+), Windows	240 x 160
LIKO-12	Lua	RamiLego4Game	無料	Windows, macOS, Linux, Android	192 x 128
LowRes NX	BASIC	Timo Kloss	無料	Windows, macOS, iOS	160 x 128
NEKO8	Lua, BASIC, ASM, MoonScript	Egor Dorichev	無料	Windows, macOS, Linux, Android	192 x 128
Zany80	Z80 ASM, C89	Noam Preil	無料	Windows, Linux, Browser	Serial I/O
Pix64	PNG	ZappedCow	無料	Windows, Linux	64 x 64
Pixel Vision 8	Lua	Pixel Vision 8	無料	Windows, macOS, Linux	256 x 240
Prism-384	JavaScript	Grapefruitopia Industries	無料	Browser, Windows, macOS	384 x 216
PX8	Lua, Python	hallucino	無料	Windows, macOS, Linux	Configurable
Pyxel	Python	Takashi Kitao	無料	Windows, macOS, Linux	256 x 256
Riko4	Lua	Bryan	無料	Windows, macOS, Linux	280 x 160
Phosphor	Lua	Marc Lepage	無料	Browser	192 x 128
BASIC8	BASIC	Tony Wang	有料	Windows, macOS, Linux	160 x 128
CHROMA-60	ASM	Arkia	無料	Windows, Linux	240 x 135
Click4	ASM	Josef Patoprsty	無料	Windows, macOS, Linux	64 x 64

どれもその作者が自分の理想の空想コンピュータをビジュアライズした逸品です。

興味をそそられたら、ぜひネットから入手して遊んでみてください。

上級編

　最後は「上級編」ということで、高度な応用テクニックをいくつか紹介していきます。

　難しくなったように感じるかもしれませんが、すべてを理解する必要はありません。
　「サンプル・プログラム」を実行し、一部を変更してみて結果がどう変わるか試したり、分かった部分だけを"つまみ食い"で利用してみてください。

　少なくともここまで読み進められたのであれば、根幹となるプログラム的な思考法は身についていると思います。
　工夫を重ねたテクニックも登場しますが、プログラミングをホビーとして楽しめるようになれば、きっと見るたびに発見があると思います。

TIC-80 tiny computer

■ 「小数点以下」の切り捨て

数値の「小数点以下」を切り捨てる、ささやかなテクニックというか、知識です。

```
a=2.6
print("a="..a//1,0,0)
```

実行画面

割り算の記号「/」を2つ使って「1」で割ります。
他のプログラム言語では「int()」にあたるような処理ですかね。

*

四捨五入する場合は、次のように「0.5」足して同じように割り算すればOKです。

```
a=2.6
print("a="..(a+0.5)//1,0,0)
```

実行画面

「知ってみれば簡単なこと」の典型みたいですね。

■ 関数再定義のメリット

「TIC-80」はプログラム容量「64KB」（65,536バイト）と決して多くはありません。
「コード・エディタ」に「1文字」書くと「1バイト」消費します。

たとえば、「Lua」の関数「math.random()」などを、次のように短い名前に再定義することで容量の節約を図れます。

```
function rnd(n)
        return math.random(n)-1
end
cls()
print("rnd="..rnd(10),0,0)
function TIC()end
```

実行画面

　再定義したぶんの「文字数」を含めても「rnd()」の使用箇所が6回以上あればコード量の節約になります。

＊

　他にも絶対値を返す「math.abs()」ならやっていることは単純なので、「math.abs()」自体使わず、次のように定義します。

```
function abs(n)
        if n<0 then return -n end
        return n
end
cls()
a=-8
print("abs(a)="..abs(a),0,0)
function TIC()end
```

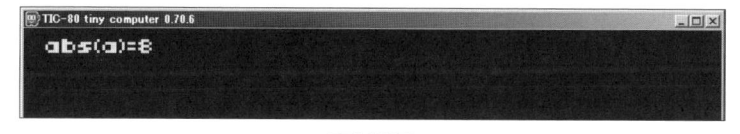

実行画面

　こちらも10回以上使うならプログラム容量が節約されます。
　「コード・エディタ」の画面は横の文字数が一度に「40文字」までしか見えないので、個人的には短い命令名のほうが多少読みやすくなるメリットも感じます。

■ 条件式の結果は「ブール値」なので、注意！

「TIC-80」(Lua) の文法では、条件式の結果は「true」または「false」が入ります。

これは「ブール値」といって、数値の「1」や「0」ではありません。

試しに、次のプログラムを実行してみてください。

```
a=0
if a then print "a is true." end
```

実行画面

「変数 a」には数値「0」が入っていますが、「if 文」の判定結果は「真」(true) になりました。

これは「変数 a」の中身がなんであろうと「空っぽ」(nil) でない限りは、「真」(true) と判定されるからです。

*

ちなみに、"「0」以外の場合にだけ「真」(true)" としたければ、次のようにすれば OK です。

```
a=0
if a~=0 then print "a is true." end
```

他のプログラム言語では条件式の結果を、「真 (true) なら 1」「偽 (false) なら 0」など、数値として返し、判定するものもあります。

そちらに慣れている人は注意してください。

■ 条件式の結果を数値化

　場合によっては、条件式の結果を「数値」で受け取ると便利な場合もあります。

　そういった処理をしたい場合は、まず次のような関数を定義します。

```
function cmp(n)
      if n then return 1 end
      return 0
end
```

　「引数 n」に条件式を渡し、結果が「true」なら「1」を返し、そうでなければ「0」を返す関数です。
　この関数を使うと、たとえばキャラクターの「左右移動」の処理で、通常は、

```
if btn(2) and x>0 then x=x-1 end
if btn(3) and x<239 then x=x+1 end
spr(1,x-4,y)
```

と書くところを、次のように「if」命令を使わずに計算式だけですませることができてしまいます。

```
x=x-cmp(btn(2))*cmp(x>0)+cmp(btn(3))*cmp(x<239)
spr(1,x-4,y)
```

　コードも短くなるので「節約メリット」もあります。
　多用するとプログラムが読みにくくなる可能性はあるので、使いどころはあなた次第ですが、テクニックの1つとして知っておいて損はないでしょう。

■「平均値」の計算

　複数ある値の「平均」を計算するプログラムの例を示します。
　基礎的なテクニックですが、一見しておくといいでしょう。

＊

　次のプログラムは、対象の5つの値を表示した後、それらの「平均値」を表示します。

```
cls()
a={15,80,43,12,38}
print("Five values",0,0)
for i=1,#a do print(a[i],24*i,8) end
h=0
for i=1,#a do h=h+a[i] end
print("Average = "..(h/#a),0,24)
function TIC()end
```

```
TIC-80 tiny computer 0.70.6 [tec_average.tic]
Five values
     15    80    43    12    38

Average = 37.6
```

実行画面 (tec_average.tic)

　「テーブル変数 a」に任意の値を 5 つ代入し、「for」命令文中で値の合計 (変数 h) を計算しています。

　「変数 h」に代入された合計値を、最後に「対象データ数」で割り算しているだけです。

■ データソートの基本

　複数の値を小さいものから順番に並べ替えるテクニックです。

　こちらもソートの方法としては基礎的なものですが、1つくらいは簡単なロジックを知っておくことが大切です。

＊

　以下、プログラムを示します。

```
cls()
a={15,80,43,12,38}
print("Before Sorting",0,0)
for i=1,#a do print(a[i],24*i,8) end
-- Start Sort
for i=1,#a do
        for j=1,#a-1 do
                if a[j]>a[j+1] then
                        b=a[j];a[j]=a[j+1];a[j+1]=b
                end
        end
end
-- End Sort
print("After Sorting",0,24)
for i=1,#a do print(a[i],24*i,32) end
function TIC()end
```

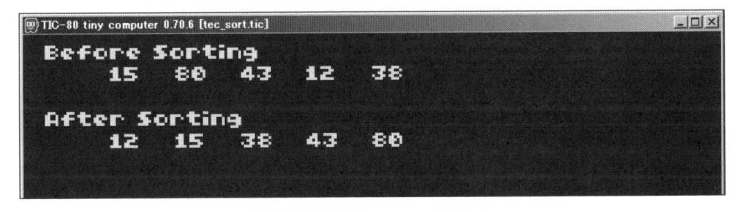

実行画面 (tec_sort.tic)

　「並び方」がバラバラの5つの値を「テーブル変数a」に代入し、「for」命令文中で、先頭から値を比較しながら入れ替えて並べ替えていきます。

　「変数a」の「1番目と2番目」「2番目と3番目」の隣り合った値を比べ

て、後のほうが小さければ前後の値を入れ替える処理を、「並べ替えの個数－1回」ぶん、繰り返しています。

「変数 a」に入れる値をいろいろと変えてみて、ちゃんと小さい順にソートされるか、試してみてください。

どういうロジックで処理されているか分からない場合は、実際に紙に書いた数字を並べて、プログラムの流れ通りに入れ替えながら眺めてみるといいでしょう。

・並べ替え動作の例

```
2054831697  最初の状態
0245316879  ソート1回目
0243156789  ソート2回目
0231456789  ソート3回目
0213456789  ソート4回目
0123456789  ソート5回目 (完了)
```

■「擬似乱数」の生成

「TIC-80」では、ベースとしている「Lua 言語」にもともと乱数を発生する「math.random」命令があります。

その乱数を、計算式によって生成してみましょう。

以下に「サンプル・プログラム」を示します。

```
function rnd()
        r=(r*5+14097)&65535
        return (r//256)
end

r=12345
cls()
for i=1,15 do
```

```
        print("rnd = "..rnd()),0,8*i)
end
function TIC()end
```

実行画面 (tec_rnd.tic)

このプログラムでは、「乱数」を 15 回発生させて画面に表示しています。

＊

最初に「変数 r」に代入しているのは、「乱数発生の種」となる「初期値」です。

後は関数「rnd()」を呼び出して、乱数を算出しています。

値の範囲は「0 ～ 255」ですが、変化に富んだ予測しづらい「乱数値」が発生します。

＊

ロジックは計算式を見ての通りで、とても単純です。

「変数 r」の値を 5 倍し、「14097」を加算した結果を「16 ビット内」におさめ、「上位 8 ビットぶん」を「乱数値」として返しています。

「本物の乱数」では同じ値が続くこともありますが、この方法で生成する乱数はいい具合にバラついてくれるのが特徴です。

また、「初期値」次第で、連続する発生パターンを固定できるので、特にゲームなどでは "本物の「ランダム関数」以上" に利用しやすいシーンがあると思います。

● 範囲「−3〜3」の乱数を発生

「乱数応用」の一例です。

*

前述の擬似乱数の範囲は「0〜255」になっていますが、これを特定の範囲に指定したい場合にどうすればいいか——実は、とても簡単です。

たとえば、「変数 r」に入った「0〜255」の乱数を「0〜8」にしたい場合は、値を次のように加工すればいいのです。

```
r=r%9
```

「1〜5」にしたければ、次のようにします。

```
r=r%5+1
```

「−3〜3」にしたければ、次のようにします。

```
r=r%7-3
```

*

演算子「%」は、割り算の「余り」を返します。

分かってしまえば簡単な方法です。
「乱数」をどのように加工して利用するかは皆さんの工夫次第、というわけです。

■ ビットでフラグ判定

数値を「2進数」(ビット)で扱うテクニックの一例です。
変数に代入された値から「フラグ判定」を行ないます。

「TIC-80」のような」「容量制約」を設けているようなプログラミング環境では、データの最小単位である「ビット操作テクニック」も有用と思われます。

```
cls()
flg=108;s="Bit "
if flg&1>0 then s=s.."1 " end
if flg&2>0 then s=s.."2 " end
if flg&4>0 then s=s.."3 " end
if flg&8>0 then s=s.."4 " end
if flg&16>0 then s=s.."5 " end
if flg&32>0 then s=s.."6 " end
if flg&64>0 then s=s.."7 " end
if flg&128>0 then s=s.."8 " end
print(s.."On!",8,8)
function TIC()end
```

実行画面 (tec_bit.tic)

*

「&」は、「論理積」という演算記号で比較する左右2つの値が両方とも真の場合に成立します。

たぶん分かりにくいですよね…もう少しだけこなれた感じで説明します。要は、記号「&」の左側と右側の内容を比べて、同じビット位置がオン「1」の状態であれば「条件成立」ってことになるわけです。

後は体感(実習)で覚えていきましょう。

*

「変数 flg」にさまざまな値を代入して何番目のビットが立つのか試してみてください。

プログラミングだってアタマで考えるだけで分かるものではありません。

●「ビット」(2 進数) とか「バイト」ってなんだ？

「ビット」はコンピュータ上で表わされる値の最小単位のことで「1ビット」は「2 進数1桁」を示しています。

「2 進数」なので、「1 ビット」で表わされるのは「0」と「1」の 2 種類のみ。

皆さんが普段使っている数の表わし方は「10 進数」と言って、「0 ～ 9」までの 10 個の数字で物の数を表現しています。

たとえば、「10 進数」では「9」より大きい数になるときに桁が上がりますが、「2 進数」では「0」と「1」の 2 種類しか使えないので、「1」よりも大きい数を表わすときに桁が上がります。

以下は「10 進数」と「2 進数」の対応表です。

10 進数	2 進数
0	0
1	1
2	10
3	11
4	100
5	101
6	110
7	111
8	1000
9	1001
10	1010
11	1011
12	1100
13	1101
14	1110
15	1111

表のように、

10進数の「2」は、2進数では「10」（イチゼロ）

10進数の「10」は、2進数では「1010」（イチゼロイチゼロ）

と表現されます。

　物が3個ある状態を10進数では「3」とそのまま表わせますが、「2進数」では3個を「11」（イチイチ）と表わすわけです。

　…分かったかな？

*

　「ビットフラグ判定」のプログラムでは「1バイト」（8ビット）ぶんの判定をしていますが、整数値の変数で確保されているサイズは、「32ビットCPU」のコンピュータなら「4バイト」なので、1つの変数で「最大32個ぶん」のフラグ判定が可能です。

「8ビット」ぶんでまとめて「1バイト」と呼びます。

　すなわち、「4バイト」なら「32ビット」になるわけです。

　ビット番号は、右から「ビット0,1,2,3…」と数えていき、いちばん左端が「ビット31」になります。

31 30 29 28 27 26 25 24 23 22 21 20 19 18 17 16 15 14 13 12 11 10 9 8 7 6 5 4 3 2 1 0
1 1 0 0 1 0 0 0 0 0 1 1 1 1 1 1 1 0 1 0 1 0 0 1 0 0 1 0 0 1 1 0

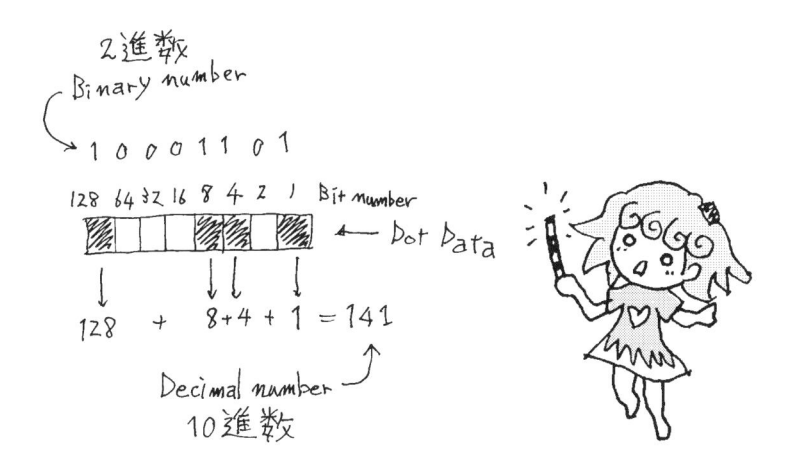

■「バイト・データ」の左右反転

「バイト・データ」のビット位置を「左右反転」します。

ビット操作の実用的なテクニックの1つと言えるでしょう。

例

```
01010111 = 87        元のバイト値
11101010 = 234       反転後のバイト値
```

上記のような計算をするプログラムです。以下に示します。

```lua
function flip(n)
        a=0;b=1;c=128
        for i=1,8 do
                if (n&b)>0 then a=a+c end
                b=b+b;c=c//2
        end
        return a
end

cls(0)
p=11;st=flip(p)
print("Original="..p,1,1)
print("Reversal="..st,1,9)
function TIC()end
```

実行画面 (tec_byte.tic)

■「バイト・データ」の左右反転 (高速版)

さまざまな場面で応用が利く「テーブル参照」テクニックの１つでもあります。

```
fl={}
for n=0,255 do
        a=0;b=1;c=128
        for i=1,8 do
                if (n&b)>0 then a=a+c end
                b=b+b;c=c//2
        end
        fl[n]=a
end
cls(0)
p=1  ;print("Org="..p.." Rev="..fl[p],8,10)
p=128;print("Org="..p.." Rev="..fl[p],8,20)
p=19 ;print("Org="..p.." Rev="..fl[p],8,30)
p=155;print("Org="..p.." Rev="..fl[p],8,40)
p=88 ;print("Org="..p.." Rev="..fl[p],8,50)
function TIC()end
```

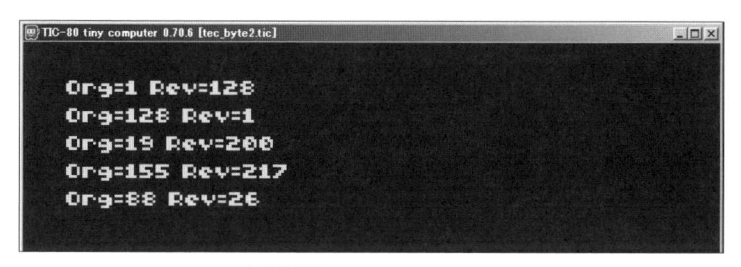

実行画面 (tec_byte2.tic)

反転させた「バイト・データ」をあらかじめ「テーブル変数 fl」に用意しておき、それを参照するだけです。

冒頭の反転「バイト・データ」の算出部分などは前述のロジックそのままで実に単純な方法ですが、一度用意しておけば再計算する必要もなく、高速

性を要求される場合の効果は絶大です。

「テーブル変数」をうまく利用したテクニックの１つといえるでしょう。

「2進数」やら「ビット」やらをこねくりまわすのが楽しくなってきたら、あなたはもう一人前以上 (二人前 ?) のプログラマーですよ。

■ 座標の回転

こちらもまたテーブル参照テクニックを活用した一例です。

回転座標の計算をする場合、「TIC-80」では「Lua 言語」にある数学関数「math.sin」や「math.cos」が使えますが、ゲームなどに利用する程度の精度でよければ、より高速に処理を補える手法があります。

```
rd={
        0,380188,703279,920751,999942,
        928960,718465,400069,21591,
        -360130,-687766,-912112,-999476,
        -936736,-733315,-419764
}
v=1;sx=120;sy=60
function TIC()
        cls()
        print("Rotation Control",80,64)
        if btn(2) then v=v+1
                if v>16 then v=1 end
        end
        if btn(3) then v=v-1
                if v<1 then v=16 end
        end
        x=rd[v]/16000+sx
        y=rd[(v+3)%16+1]/16000+sy
        spr(1,x,y,14,1,0,0,2,2)
end
```

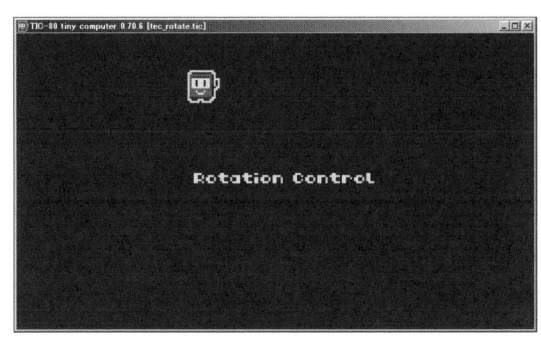

実行画面 (tec_rotate.tic)

　カーソルキーの左右を押すと TIC 君が円を描くように移動します。

　回転移動先の「X,Y 座標」の算出のために、「sin 関数」から取得できる値をあらかじめ「テーブル変数 rd」に代入しておきます。

　「参照用の番号」を「ラジアン」の代わりに指定し、「rd」の内容を参照すれば (大雑把な)「sin 値」として利用できます。

　参照するだけなので、実際に「sin 関数」を使うより高速なのがこのテクニックのポイントです。

　何を言っているのか分からない人はプログラムをいじくり動かしてみて感覚的につかみましょう。

　難しく考えなくても、テクニックとして利用できればノープロブレムです！

■「慣性」と「重力」による移動

　「慣性」や「重力」とは、常に一定の歩幅で移動するものではなく、徐々に移動幅が大きくなっていく、あるいは小さくなっていく、いわば「加速度」がかかった移動処理です。

　「宇宙空間を漂うキャラクター」の動作や、「ジャンプゲーム」でよく使われる基本的なテクニックです。

● 無重力空間での慣性移動

　徐々に加速度を増す「慣性移動」です。

　単純に「X,Y 座標」に同じ移動量を加減算するのではなく、移動量に変化を加えてから「X,Y 座標」に加減算すると、うまく表現できます。

```
x=120;y=60;dx=0;dy=0
function TIC()
    cls()
    print("Acceleration Move",72,64)
    if btn(0) and dy>-3 then dy=dy-0.1 end
    if btn(1) and dy<3 then dy=dy+0.1 end
    if btn(2) and dx>-3 then dx=dx-0.1 end
    if btn(3) and dx<3 then dx=dx+0.1 end
    x=x+dx;y=y+dy
    if x>239 or x<1 then dx=-dx end
    if y>135 or y<1 then dy=-dy end
    spr(1,x-8,y-8,14,1,0,0,2,2)
end
```

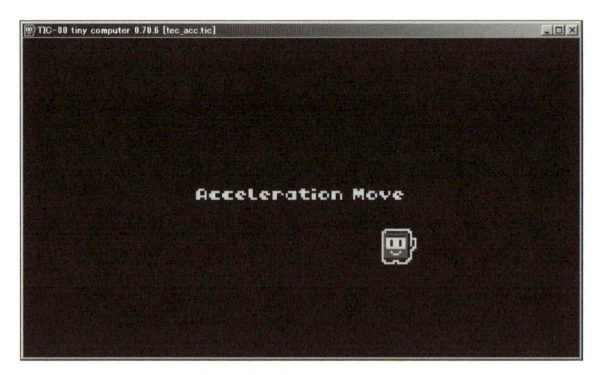

実行画面 (tec_acc.tic)

　カーソルキーの上下左右で、それぞれの方向に「加速度」が働き、移動量が増していきます。

　減速したいときは移動方向と逆方向のキーを押し続けることで移動量を減退させることができます。

　プログラムでは、「X 方向の移動量」を「変数 dx」として左右キーを押したときに「加減算」し、「Y 方向の移動量」を「変数 dy」として上下キーを押したときに「加減算」しています。

　その移動量を、「座標 X,Y」に加算することでキャラクターを移動させています。

　また、画面の端にぶつかったときには「変数 dx, dy」の値にマイナスを掛けて、「移動方向」を逆転させています。

Imertial Motion

●重力下でのジャンプ動作

　ジャンプ動作の場合は勢いよく上にジャンプしても、常に下方（地球の重力）に引っ張られる力が働いています。

```
x=120;y=100;dy=0
function TIC()
    cls()
    print("Jump Action",90,110)
    if btn(2) and x>8 then x=x-4 end
    if btn(3) and x<231 then x=x+4 end
    if btnp(4) and y==100 then dy=-13 end
    y=y+dy;dy=dy+1
    if y>100 then y=100;dy=0 end
    spr(1,x-8,y-8,14,1,0,0,2,2)
end
```

実行画面 (tec_jump.tic)

　前述の「慣性移動」の応用ですが、「変数 dy」を「重力加速度」として Y 方向に加減算する移動量にしています。

＊

　TIC 君が地面 (Y 座標 100) にいて [Z] キーが押された場合に「変数 dy」に「−13」をセットします。

　ジャンプ中は重力として「変数 dy」には「1」を加算し続けます。

　こうすると「変数 dy」は「−13」から徐々に「0」に近づき、マイナス値からプラス値に変化しながら「Y 座標」に加算されて、まさにジャンプの軌道を描いて動くようになります。

　「変数 dy」が「マイナス値」の間は TIC 君は上に向かい、「プラス値」に転じると落ち始めるわけです。

　ジャンプした後に、地面の高さまで戻って (落ちて) きたら「変数 dy」を「0」にリセットし、TIC 君の Y 座標も「地面の高さ」(y=100) にリセットしています。

■ 「迷路」を「自動生成」する関数

　関数「maze」に、パラメータとして横縦の X,Y サイズを与えて呼び出すと、マップエリアに指定したサイズの「迷路」を自動生成します。

　「乱数」によって「毎回違った迷路」を生成するので、ゲームなどに利用すると便利かと思います。

```
function maze(xs,ys)
    local i,j,x,y,r
    for i=1,(ys+1)*2 do
        mset(0,i-1,1);mset((xs+1)*2,i,1)
    end
    for i=1,(xs+1)*2 do
        mset(i,0,1);mset(i-1,(ys+1)*2,1)
    end
    for i=1,xs do
        for j=1,ys do
```

```
            x=i*2;y=j*2;mset(x,y,1)
                r=math.random(4)
                if r==1 then mset(x,y-1,1) end
                if r==2 then mset(x+1,y,1) end
                if r==3 then mset(x,y+1,1) end
                if r==4 then mset(x-1,y,1) end
            end
        end
end

maze(13,7)
cls()
map(0,0,29,17,0,0,-1,1,nil)
function TIC()end
```

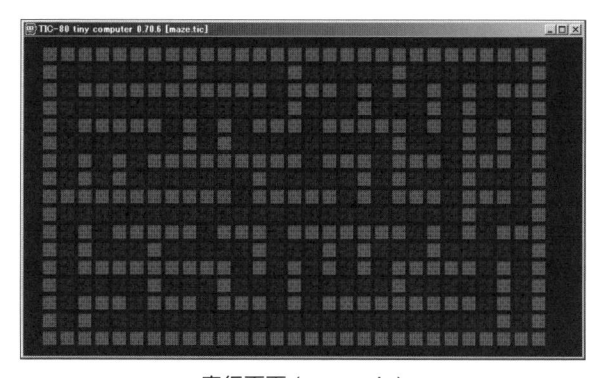

実行画面 (maze.tic)

■「自作フォント」の表示

「TIC-80」は英数字しか使えません…が、ないなら作ればいいのです。

*

次のプログラムは、自作の「ドット文字」を使って、「ひらがな」「カタカナ」を表示するサンプルです。

まず、「スプライト・エディタ」の「FG エリア」に次の図のように自作

文字を準備します。

このフォントをすべて作るのがいちばん大変かもしれません。

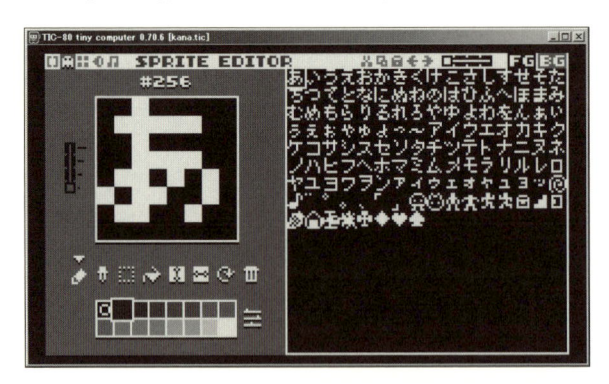

プログラムは以下の通りです。

```
yomi={
        "aa","ii","uu","ee","oo","ka","ki","ku","ke","ko",
        "sa","si","su","se","so","ta","ti","tu","te","to",
        "na","ni","nu","ne","no","ha","hi","hu","he","ho",
        "ma","mi","mu","me","mo","ra","ri","ru","re","ro",
        "ya","yu","yo","wa","wo","nn",
        "la","li","lu","le","lo","_a","_u","_o","_t","_~",
        "AA","II","UU","EE","OO","KA","KI","KU","KE","KO",
        "SA","SI","SU","SE","SO","TA","TI","TU","TE","TO",
        "NA","NI","NU","NE","NO","HA","HI","HU","HE","HO",
        "MA","MI","MU","ME","MO","RA","RI","RU","RE","RO",
        "YA","YU","YO","WA","WO","NN",
        "LA","LI","LU","LE","LO","_A","_U","_O","_T","_@",
        "_!","_:","_;","_.","_,","_[","_]"
}
function kana(s,x,y)
        local c,i,j,w,f
        w=x
        for i=1,#s//2 do
```

```
            j=(i-1)*2+1
            c=string.sub(s,j,j+1)
            f=0
            for j=256,374 do
                    if yomi[j-255]==c then
                            spr(j,w,y,0);w=w+8;f=1
                            if j>368 then w=w-4 end
                    end
            end
            if f==0 then
                    c=string.sub(c,1,1)
                    print(c,w,y);w=w+8
            end
        end
    end
end
cls(3)
kana("kori_aku_:aaiieele_~!!",4,4)
kana("HA_;HA_;_[MAMA,aasako_:hannmata_:??_]",8,16)
ka-na("AaBbCchasi_ttetemo_!soreta_:ke_~si_:_akomarima
su_!",16,28)
kana("HA_;_THA_;_THA_;RASORUTI_OKORE--TO",8,40)
function TIC()end
```

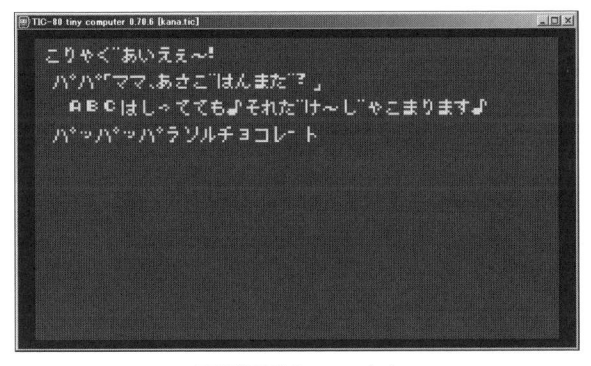

実行画面 (kana.tic)

　「kana 関数」に表示したい「メッセージ」（文字列）と「座標」を指定して呼び出します。

　「第 1 パラメータ」の文字列から「テーブル変数 yomi」に定義されている「2 文字」を検索し、見付かった参照番号に連携するスプライトを表示させています。

　見付からなかった場合は、文字列の「2 文字の 1 文字目」を「print」命令でそのまま表示しています。

＊

　この「kana 関数」は汎用的に利用しやすいように作ってあります。ぜひ自作品に活用してください。

■「コンソール画面」のようなメッセージ表示

　「TIC-80」のグラフィック画面に、あたかも「コンソール」のようにメッセージを改行しながら表示するプログラムです。

```
lns={};li=1;ly=72;lh=8;t=0
txt={
        "There is always light behind the clouds.",
        "If you can dream it, you can do it.",
        "If you want to be happy, be.",
        "Without haste, but without rest.",
        "Think rich, look poor.",
        "Information is not knowledge.",
        "A friend to all is a friend to none.",
        "Love is best.",
        "Every day is a new day.",
        "cls"
}
function cui(msg)
        local i
        lns[li]=msg
        if lns[li]=="cls" then          li=1
```

```
            for i=1,(lh+1) do lns[i]=nil end
    end
    li=li+1
    if li>(lh+1) then
            for i=1,lh do lns[i]=lns[i+1];li=lh+1 end
    end
    for i=1,lh do
            if lns[i] then print(lns[i],0,(i-1)*8+ly) end
    end
end
function TIC()
    if t<30 then t=t+1;return end
    t=0
    r=math.random(10)
    cls()
    cui(txt[r])
end
```

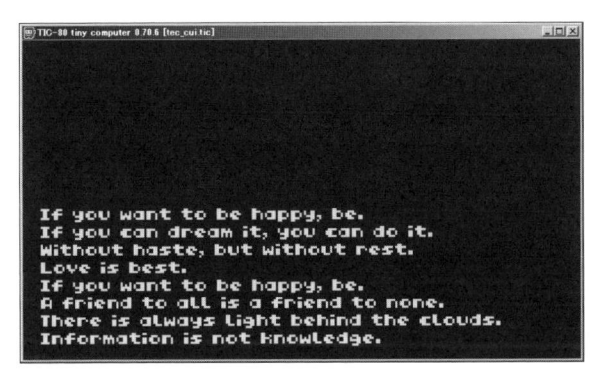

実行画面 (tec_cui.tic)

　「cui 関数」にメッセージを送るたびに、画面に次々と「名言」を表示して改行します。

　最下行まで行くと、一段上にスクロールしながら表示します。

＊

　また、「cls」というメッセージを送ると、全行クリアして最初の行から再開

します。

> ※ なお、メッセージのスクロールが速すぎるので、「変数 t」を使ってスピード
> 調整用の処理を入れています。

・変数リスト

lns	メッセージを表示行数分格納するテーブル変数
li	現在のメッセージ表示行
ly	画面のメッセージ表示開始位置 (Y 座標)
lh	メッセージ表示行数

■「コンソール画面」のようなキー入力処理

先ほどは表示のみでしたが、お次は「TIC-80」の「グラフィック画面」
上でコンソールのような「キー入力処理」を実現するサンプルです。

*

「TIC-80」は常時呼び出される「TIC 関数」が必須の仕様になっているの
で、リアルタイムに処理を実行するようなプログラム作りには向いています。

しかし、「コンソール」や「コマンドライン」のようなプログラム未実行
の状態 (入力待ち) があり、ユーザーからの入力ごとに順次実行していく
スタイルの処理は多少作りにくいと思います。

そういった処理方法が実際に必要になるかどうかはともかく、原点回帰的
に再現してみようという "渋い" テクニックです。

> ※ ちなみに、「Lua 言語」には「io.input」という標準入力用の関数がある
> のですが、残念ながら「TIC-80」上では利用できないようです。

プログラムは以下の通り。

```lua
lns={};li=1;ly=0;lh=17
function type()
        -- [Enter]
        if keyp(50) then
```

```
                -- Clear Screen
                if lns[li]=="CLS" then li=0
                        for i=1,(lh+1) do lns[i]=nil end
                end
                -- New Line
                li=li+1
                if li>lh then
                        for i=1,lh do lns[i]=lns[i+1];li=lh end
                end
        end
        -- [BS]
        if keyp(51) and #lns[li]>0 then
                lns[li]=string.sub(lns[li],1,#lns[li]-1)
        end
        -- Alphanumeric
        for i=1,36 do
                if keyp(i) then j=i
                        if i>26 then j=j-43 end
                        if lns[li] then
                                lns[li]=lns[li]..string.char(64+j)
                        else
                                lns[li]=string.char(64+j)
                        end
                        break
                end
        end
end
function TIC()
        type()
        cls(5)
        for i=1,lh do
                if lns[i] then print(lns[i],8,(i-1)*8+ly) end
```

```
        end
        print(">",0,(li-1)*8+ly)
end
```

キーボードをタイプすると英数字が表示されます。

「TIC 関数」内では、キー入力関数「type()」の呼び出しと、仮想的な「テキストスクリーン・バッファ」として用意された「テーブル変数 lns」の画面表示を行なっています。

「type 関数」内では、ユーザー入力はキーボードの英数字と [Enter][BS (Back Space)] のみを受け付け、英数字なら現在行 (変数 li) の「文字変数 lns」に入力文字を追加。

[BS] ならそこから 1 文字削除。[Enter] なら改行処理を行ないますが、入力文字列が "CLS" だった場合は「テーブル変数 lns」の中身をすべてクリアしています。

■「背景」と「人物」の重ね合わせ

プログラム的には難しくありませんが、やり方が思いつきにくいかもしれません。

---

[1] まず準備として「スプライト・エディタ」で、「背景用」のパーツとなる絵を「BG エリア」に、「人物用」のパーツとなる絵を「FG エリア」に描きます。

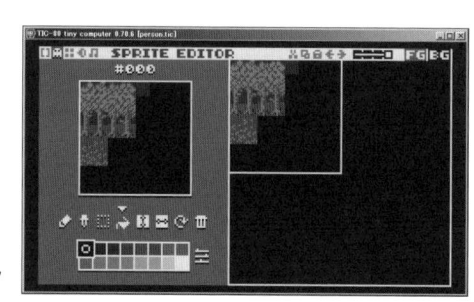

BG エリア

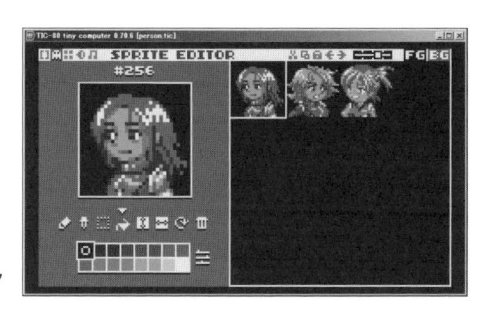

FG エリア

[2] 次に「マップ・エディタ」で、パーツを配置し、背景を構成します。

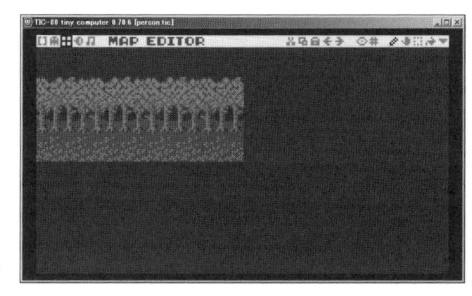

マップ・エディタ

[3] プログラムを次のように組みます。

人物を表示するときには「透明色」を指定、スプライトを 4 × 4 個ぶん（32 × 32 ドット）表示しているところがミソです。

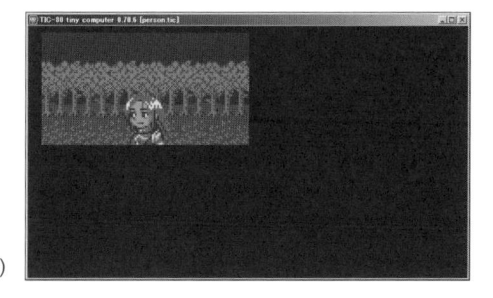

実行画面 (person.tic)

```
cls()
map(0,0,15,8)              -- Draw Back
spr(256,44,32,0,1,0,0,4,4)              -- Draw Person
function TIC()end
```

[4] 前述の「コンソール画面風メッセージ処理」と組み合わせると、なかなか"よろしげ"なゲーム画面ぽくなります。

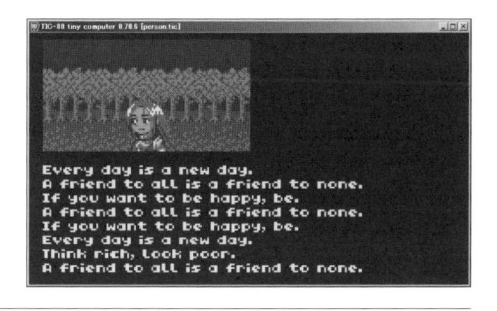

　ちなみに、人物は、このサイズなら 16 人ぶん用意できるので、「ギャルゲー」を作るのも不可能ではないかと。

　どなたかぜひとも挑戦してみてください。

■ パレット・コントロール

　「TIC-80」は「peek」「poke」命令によって仮想メモリの絶対アドレスを読み書きできます。

　このギミックは、"レトロフィーチャー"として外せない仕様の 1 つと言えるでしょう。

　この機能を利用して、画面の「フェードアウト」「フェードイン」を行なうテクニックです。

```
pal_adr=0x3fc0;col={}
for i=0,47 do
        col[i]=peek(pal_adr+i)
end

function fade(b)
        for i=0,47 do
                a=peek(pal_adr+i)+b
                if a<0 then a=0 end
                if a>col[i] then a=col[i] end
                poke(pal_adr+i,a)
        end
end

function TIC()
        if btn(2) then fade(-1) end
        if btn(3) then fade(1) end
        cls(13)
        spr(1,100,30,14,3,0,0,2,2)
        print("HELLO WORLD!",84,84)
end
```

実行画面 (tec_fade.tic)
左右のキーで画面が暗くなる〜…、明るくなる〜…

　カーソルキーの左右で画面の「フェードアウト」「フェードイン」ができます。

＊

　巻末資料にもありますが、「TIC-80」のパレット値はメモリ空間のアドレス「0x03FC0(16進数)」に3バイト(R,G,B)1組で「16色」ぶん(全48バイト)格納されています。

　このアドレスの値をダイレクトに書き換えることで、画面上に描かれているグラフィックの色を暗くしたり明るくしたりしています。

＊

　最初に「テーブル変数col」を用意しておき、16色ぶんのパレットの元データを取得しています。

　「カーソルキーの左」が押された場合には「-1」を関数「fade」に渡し、右の場合には「1」を渡して呼び出しています。

　「fade」では48バイトぶん、「パレット・アドレス」から読み出した値に、渡された値を加え、その値を「パレット・アドレス」に戻しています。

＊

　渡された値が「-1」の場合は「0」より小さくならないよう、「1」の場合はあらかじめ取得しておいた「col」の値よりも大きくならないように「if文」で調整しています。

・・

■「音楽データ」を分析する

　以下は、「TIC-80」のメモリに格納されている曲データを読み取るプログラムです。

```
c0={};c1={};c2={};c3={}

function m_pat(pt,rw)
-- pt(0-59),rw(0-63)
        ad=0x11164+64*3*pt
        n=256*peek(ad+rw*3)+peek(ad+rw*3+2)
        sn=n&31
        oc=1+(n>>5)&7
        nt=(n>>8)&15
        vo=15-(n>>12)&15
end

function m_trk(tr)
-- tr(0-7)
        ad=0x13E64+17*3*tr
        for i=0,15 do
                n=65536*peek(ad+3*i+2)+256*peek(ad+3*i+1)+peek(
ad+3*i)
                c0[i]=n&63
                c1[i]=(n>>6)&63
                c2[i]=(n>>12)&63
                c3[i]=(n>>18)&63
        end
        tmp=(peek(ad+16*3)-106)&255
        rws=64-peek(ad+16*3+1)
        spd=(peek(ad+16*3+2)+6)%256
end

cls()
```

```
m_pat(1,1)
print("- MUSIC PATTERN -",0,0)
print("Note="..nt,0,8)
print("Octave="..oc,0,16)
print("SFX_No="..sn,0,24)
print("Volume="..vo,0,32)

m_trk(0)
print("- MUSIC TRACK -",0,48)
print("Tempo="..tmp.." Rows="..rws.." Speed="..spd,0,56)
print("Ch0:",0,64)
print("Ch1:",0,72)
print("Ch2:",0,80)
print("Ch3:",0,88)
for i=0,15 do
        print(c0[i],24+13*i,64)
        print(c1[i],24+13*i,72)
        print(c2[i],24+13*i,80)
        print(c3[i],24+13*i,88)
end

function TIC()end
```

　関数「m_pat」は、「曲パターン番号」(0 〜 59)と「読み取る行番号」(0 〜 63)を指定して呼び出すと、

① 「変数 nt」に「音階」
② 「変数 oc」に「オクターブ」
③ 「変数 sn」に「効果音番号」
④ 「変数 vo」に「音量」

を返します。

関数「m_trk」は「トラック番号」(0 〜 7) を指定して呼び出すと、

① 「変数 tmp」に「テンポ」
② 「変数 rws」に「行数」
③ 「変数 spd」に「速度」
④ 「変数 c0[0] 〜 c0[15]」に「チャンネル 0」のパターン
⑤ 「変数 c1[0] 〜 c1[15]」に「チャンネル 1」のパターン
⑥ 「変数 c2[0] 〜 c2[15]」に「チャンネル 2」のパターン
⑦ 「変数 c3[0] 〜 c3[15]」に「チャンネル 3」のパターン

を返します。

　下図の「曲データ」の場合に、このプログラムを実行すると次のような結果になります。

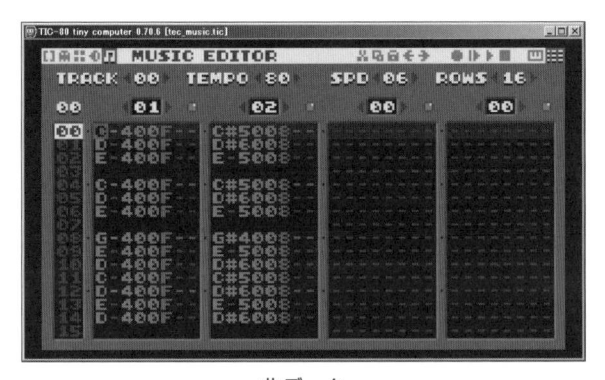

曲データ

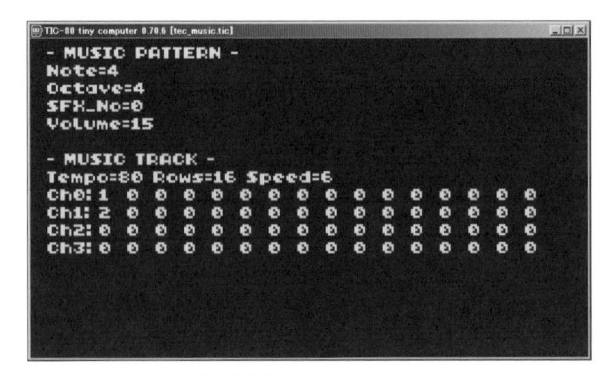

実行画面 (read_music.tic)

　「曲データ」を変えてみたり、関数「m_pat」「m_trk」に与える引数を変えたりしていろいろ試してみてください。

＊

　さて、読み取れるということは書き込めるわけでもあります。

　次のプログラムでは、「ミュージック・エディタ」に何も入力していない状態から曲データをメモリに書き込んで、音楽を再生しています。

・プログラムリスト (write_music.tic)

```
function w_mpat(pt,rw)
        ad=0x11164+64*3*pt
        n=((15-vo)<<12)+(nt<<8)+((oc-1)<<5)+sn
        poke(ad+rw*3,n//256)
        poke(ad+rw*3+2,n&255)
end

cd={4,6,8,9,11,13,15,4,1}
sn=0;oc=4;vo=8
-- Set Note
for i=1,9 do
        if i==8 then oc=oc+1 end
        nt=cd[i];w_mpat(0,i-1)
end

-- Pattern 1,2,3,4 on Track 0
ad=0x13E64;n=(1<<18)+(2<<12)+(3<<6)+4
poke(ad,n&255)
poke(ad+1,(n>>8)&255)
poke(ad+2,(n>>16)&255)
-- Tempo Rows Speed
tmp=120;rws=64;spd=7
poke(ad+16*3,tmp+106)
poke(ad+16*3+1,64-rws)
```

```
poke(ad+16*3+2,spd-6)

music(0)

function TIC()end
```

　実行すると、画面には何も出ませんが、ドレミファソラシドの音が流れます。

　プログラムでは "ドレミ" の音階値 (下表参照) を「パターン 1」の 1 ～ 8 行目に書き込み、「チャンネル 0」にその「パターン 1」をセットして「music」命令で再生しています。

　「w_mpat」関数は、「パターン番号」(変数 pt) と「行番号」(変数 rw) を指定して呼び出すと「音階 (nt)」「オクターブ (oc)」「音色 (sn)」「音量 (vo)」をメモリ領域に書き込みます。

＊

　コメント「-- Pattern 1,2,3,4 on Track 0」以下では、「トラック 0」の「チャンネル 0 ～ 3」に「パターン番号 1,2,3,4」をセットしています。

音 階	ノート	値
休符	R	1
ド	C	4
ド #	C#	5
レ	D	6
レ #	D#	7
ミ	E	8
ファ	F	9
ファ #	F#	10
ソ	G	11
ソ #	G#	12
ラ	A	13
ラ #	A#	14
シ	B	15

■ 音楽を「MML」で演奏する

　前述のプログラムを発展させて、「MML」（ミュージック・マクロ・ランゲージ）文字列から「TIC-80」用のコードに変換してメモリに書き込み後、演奏するサンプルを作ってみました。

・プログラムリスト (mmlplay.tic)

```
-- MML Data
dat={
        "@0v5o4CRDRERFRGRARBR>CR",
        "@1v3o1CBRCBRCBRCBRBRBR",
        "@2v2o3ARARARARARARARAR",
        "@3v5o6FFFFFFFFFFFFFFFFR"
}
tmp=80;rws=64;spd=6
nt=1;sn=0;oc=4;vo=5
mml="@vo<>-+R__CcDdEFfGgAaB"

function w_mpat(pt,rw)
        ad=0x11164+64*3*pt
        n=((15-vo)<<12)+(nt<<8)+((oc-1)<<5)+sn
        poke(ad+rw*3,n//256)
        poke(ad+rw*3+2,n&255)
end

-- Pattern 1,2,3,4 on Track 0
ad=0x13E64;n=(1<<18)+(2<<12)+(3<<6)+4
poke(ad,n&255)
poke(ad+1,(n>>8)&255)
poke(ad+2,(n>>16)&255)
-- Tempo Rows Speed
poke(ad+16*3,tmp+106)
```

```
poke(ad+16*3+1,64-rws)
poke(ad+16*3+2,spd-6)


-- MML Convert
for ch=1,4 do
        ri=1;wi=0       -- Read Write Index
        repeat
                c=string.sub(dat[ch],ri,ri);ri=ri+1
                i=string.find(mml,c)
                if i then
                        if i<4 then
                                v=tonumber(string.sub(dat[ch],ri,ri))
                                ri=ri+1
                        end
                        if i==1 then sn=v end
                        if i==2 then vo=v*3 end
                        if i==3 then oc=v end
                        if i==4 then oc=oc-1 end
                        if i==5 then oc=oc+1 end
                        if i==6 then nt=nt-1 end
                        if i==7 then nt=nt+1 end
                        -- Set Note
                        if i>7 then nt=i-7
                                w_mpat(ch-1,wi);wi=wi+1
                        end
                end
        until ri>#dat[ch]
end
-- Play Music
music(0)

function TIC()end
```

最初に「テーブル変数 dat」にセットされているのが 4 チャンネルぶんの「MML データ」です。これを編集すれば、演奏する曲を変更できます。

「単純化」（手抜き）するために、「チャンネル 0 〜 3」のパターン番号の配置は「1,2,3,4」に固定し、書き込める音階数は 1 チャンネルにつき「64 個」までとなっています。

使用可能な「MML 記号」も最小限ですが、あくまでもサンプルということで、どなたかが実用的な MML ツールに改良してくれると嬉しいです。

*

「上級編」もここまで。いかがでしたか？
本章は必要なときに、必要な部分だけを参照するようなスタイルで使ってもらえれば、と思います。

多少プログラムに慣れてくれば、やりたいことが出てきたときのヒントにもなるでしょう。
ロジックを理解できなくてもブラックボックス的にサンプルテクニックを利用してもらえればと思います。

*

プログラミング上達の秘訣はとにかく手を動かすことに尽きます。
よく分かってなくてもできる範囲の命令で組んでしまって実行してみる。
エラーが出たら悩み、試行錯誤してやっつける。
この繰り返しが理解へのいちばんの早道です。何よりも実践と楽しんで進めることが大切なのです。

本を熟読し、完全に理解してからプログラムを始めようなんてのはナンセンス！
アイデアを形にするのがプログラミングですから、思いついたらスケッチするように「取りあえず動くモノ」を作ってみるクセをつけるようにしましょう。

■【閑話】「Lua」にふれるメリット

「TIC-80」で、遊びから「Lua」にふれ、なじめる点には大きなメリットがあるでしょう。

「Lua」は、むやみに多くの概念や機能を導入することなく、簡素な仕様のまま、最小限の仕組みでさまざまな機能を実現することを目的に設計されたプログラム言語です。

これは機能豊富な「Java」や「C#」などとは対極の志向ですが、たとえば「Lua」は「手続き記述型」の言語でありながら、その特徴から、オブジェクト指向言語のように、クラスや継承といった仕組みも実現できるのです。

*

このように、応用可能性に優れた「Lua」から始めることは、プログラミングで最も大事な「論理的思考」や「想像力」を磨くのに最適な選択だと言えます。

実際「Lua」は、その設計思想から多くのプログラマにも敬愛されており、近年では複雑なアルゴリズムを要するゲームの分野でもよく使われるようになってきています。

巻末附録

■ MIT ライセンス

簡単に言うと、「著作権と MIT ライセンスである旨を表示すれば、誰でも無償で無制限に扱っていいけど、作者 (著作権者) はソフトウェアに関して何があっても責任を負いませんよ」というライセンスです。

*

「TIC-80」の著作権／ライセンス表示は下記の通り。

■ 動作プラットフォーム

「TIC-80」の動作環境は、以下の通り。

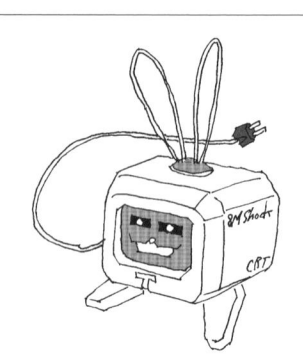

- HTML5
- Windows
- Windows 10 UWP
- Linux 32/64bit
- Android
- Mac OS X
- Raspberry Pi
- Pocket CHIP
- iOS

■ Windows 以外の「TIC-80」について

以下の「GitHub」サイトで各プラットフォーム用の最新「TIC-80」を入手できます。

https://github.com/nesbox/TIC-80/releases

- tic80_0.70.6.apk
- tic80_0.70.6.dmg
- tic80_0.70.6.tar.gz
- tic80_0.70.6.zip

バージョンによってファイル名は変わりますが、拡張子が「.apk」のものが Android 版、「.dmg」が Mac、「.tar.gz」が Linux 64bit 版、「.zip」が Windows 版のビルドずみ「TIC-80」が含まれた圧縮ファイルです。

●Linux 版「TIC-80」のセットアップ手順

Linux ディストリビューションの 1 つ「Lubuntu」(64bit 版)での一例を示します。

[1]「tic80_0.70.6.tar.gz」をダウンロード後、任意のディレクトリに解凍、および配置します。

たとえばディレクトリ「/home/<username>/TIC-80」。

※ <username> の部分はあなたのログインユーザー名。

[2] ターミナルを開き、以下コマンドで実行ファイル「tic80」に実行権限を付与します。

```
/home/<username>/TIC-80
chmod 777 tic80
```

[3] これで「tic80」をダブルクリックすれば「TIC-80」が起動するはずです。

デスクトップにショートカットを作りたい場合は、「lxshortcut」コマンドを使います。

```
lxshortcut -o ~/Desktop/TIC-80
```

[4] すると「TIC-80」というファイルがデスクトップに作られます。

ファイル「TIC-80」を右クリックして「Properties」を開き、「Desktop Entry」タブの「Command」というところに「tic80」へのフルパス (/home/<username>/TIC-80/tic80) を指定。

[5]「General」タブのアイコン部分をクリックすると、画像も指定できます。

「TIC-80」のマスコット画像を用意して、ここに指定しておくといいでしょう。

「Linux 32bit 版は」「TIC-80 version 0.60.3」までは上記 URL でバイナリファイルが提供されています。

自力でビルドするのが難しい場合は「tic80_32bit_0.60.3.tar.gz」をダウンロードして試してください。

*

　古いノート PC などは OS を「Linux」にリストアすればまだまだ現役で利用できます。

　「TIC-80」を加えて、安価なキッズパソコンとしてプログラミング教室やクラブ活動などで再活用してみてはいかがでしょうか。

Linux 版「TIC-80」

● Android 版「TIC-80」のセットアップ手順

[1] Android 実機で、直接上記サイトから「tic80_0.70.6.apk」をダウンロードするか、USB 経由などの方法で Android 実機に「apk ファイル」を保存します。

[2] その後、「ファイル・ブラウザ」などのアプリから「apk ファイル」をタッチすればインストールできます。

> ※ インストールできない場合、Android のセキュリティ設定項目「提供元不明のアプリ」または「不明なアプリのインストール」からインストールを許可する必要があります。

[3] インストール後は、「Android」が「キーボードなし」の状態であれば「タッチ・キーボード」が表示され、Android にキーボードを接続すればパソコン同様に使えます。

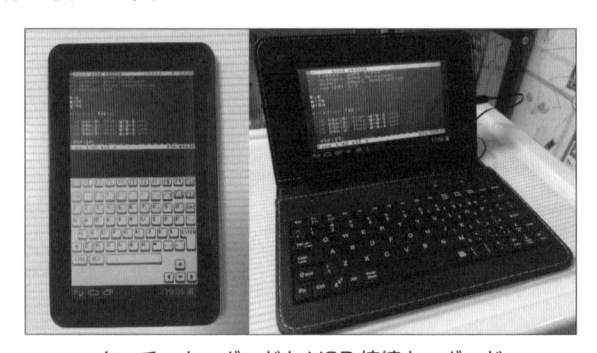

タッチ・キーボードと USB 接続キーボード

　普通のパソコンと比べて、「Android タブレット + キーボード」も安価に揃えやすいので、ぜひ「TIC-80」との組み合わせて、キッズ向けに活用してほしいと思います。

■ 起動オプション

　コマンドラインから起動する際の引数は、以下の通り。

tic80 .	現在のディレクトリを保存先として起動。
tic80 ../path/to/cart.tic	パス指定されたカートリッジを読み込み、起動。
tic80 -code game.lua	起動時のアニメーションなしで、指定された Lua プログラムを読み込み、実行。
tic80 -code-watch game.lua	-code 同様だが、TIC80 がフォーカスされている場合は再読み込みを行う。
tic80 game.tic -code game.lua	指定カートリッジを読み込み、コードを指定 Lua プログラムに差し替えて実行。
tic80 > log.txt	「TIC-80」のトレースログをファイル「log.txt」に出力。
tic80 ¦ Out-File log.txt	ログ出力を PowerShell で実行。
tic80 cart.tic -sprites hoge.gif	指定カートリッジを読み込み、スプライトを指定 GIF 画像に差し替えて実行。
tic80 –surf	サーフモードで起動。
tic80 –nosound	サイレント (音なし) モードで起動。
tic80 –fullscreen	フルスクリーン (全画面表示) モードで起動。
tic80 –skip	起動時のアニメーションなしで起動。

■ コンソールコマンド

help	使用可能コマンドを一覧表示。
ram	80K RAM レイアウト (メモリマップ) を表示。
exit	「TIC-80」を終了。
edit	画面を「コード・エディタ」に切り替え。
new [lua | moon | js]	新しい「Hello World」カートリッジを作る
load <cart> [sprites | map | cover | code | sfx | music | palette]	カートリッジファイルを読み込む。拡張子は付けても付けなくても大丈夫。また、データの一部 (スプライト、マップ等) のみを読み込むことも可能。
save <cart>	作成中のゲームをカートリッジファイルとして保存。
run	現在のプログラムを実行。
resume	最後に実行されたプログラムを再開。
dir	現在のディレクトリにあるファイル一覧を表示。
cd	ディレクトリを移動。
mkdir	ディレクトリを作成。
folder	カートリッジ保存先のディレクトリをエクスプローラで開く。
add	「TIC-80」にカートリッジファイルを追加。
del <file>	指定したファイルを削除。
get <file>	指定したファイルをローカル PC に保存。
export [html | native | sprites | cover | map]	読み込んであるカートリッジから実行可能な HTML 形式 (html) や対象 OS の実行形式 (native) で保存、スプライト (sprites) や画面ショット (cover) を GIF 画像として保存、マップをバイナリデータとして保存。
import [sprites | cover | map]	export コマンドで出力したデータをインポート。
cls	画面をクリア。
demo	デモ用カートリッジをインストール。
version	「TIC-80」のバージョンを表示。
config [save | default]	現在のカートリッジ設定を「コード・エディタ」から編集。
surf	カートリッジブラウザを開く。

■ ホットキー

キーボードから操作可能なファンクション一覧です。

ESC	コンソール／エディタ間の切り替え
F1	「コード・エディタ」を開く
F2	「スプライト・エディタ」を開く
F3	「マップ・エディタ」を開く
F4	SFX エディタを開く
F5	「ミュージック・エディタ」を開く
CTRL＋PGUP／PGDOWN	各エディタへの前後移動
F7	画面ショットをカートリッジイメージとして保存
F8	GIF 画像ファイルとして画面ショットを保存
F9	GIF 動画録画の開始／停止および保存
F11／ALT＋ENTER	フルスクリーン／ウィンドウ画面切り替え
CTRL＋R	現在のプログラムを実行
CTRL＋X／C／V	エディタ上のカット／コピー／貼り付け
CTRL＋S	現在のカートリッジを保存
SHIFT	「マップ・エディタ」上でスプライトの BG エリアを表示
CTRL＋Z／Y	元に戻す (UNDO) ／やり直し (REDO)
CTRL＋F	「コード・エディタ」上で文字検索する
CTRL＋G	「コード・エディタ」上で指定行へ移動する
CTRL＋O	「コード・エディタ」上で関数行へ移動する
SHIFT＋ENTER	「ミュージック・エディタ」上でカーソル位置から曲を再生

••

■「TIC-80」命令表

「TIC-80」では、「TIC-80」独自の「API」とプログラム言語「Lua」の
文法を組み合わせてプログラミングできます。

＊

以下は「TIC-80」の API 一覧です。

```
TIC()
```

毎秒 60 回自動で呼び出されるコールバック関数。
「TIC-80」の「ゲーム・ループ処理」の中心となる必須の関数です。

```lua
function TIC()
  -- ここに任意の処理を記述
end
```

```
SCN()
```

グラフィック描画 1 ラインごとに呼び出される関数。
パラメータには、描画時のライン位置が入ります。

```lua
function SCN(line)
  -- ここに任意の処理を記述
end
```

```
OVR()
```

フレーム単位で呼び出される関数。
「SCN」関数で変更したパレットの影響を受けません。

```lua
function OVR()
  -- ここに任意の処理を記述
end
```

```
btn([id: 0..5 8..13]) -> state
```

現在のゲームパッドボタンの状態を取得。
押されていれば「true」、押されていなければ「false」が取得される。

```
btnp([id: 0..5 8..13, [hold period]]) -> state
```

現在のゲームパッドボタンの状態を取得。
ただし、押された瞬間だけを検知する。

Keyboad	Gamepad	Player-1 ID	Player-2 ID	Player-3 ID	Player-4 ID
↑	↑	0	8	16	24
↓	↓	1	9	17	25
←	←	2	10	18	26
→	→	3	11	19	27
Z	A	4	12	20	28
X	B	5	13	21	29
A	X	6	14	22	30
S	Y	7	15	23	31

```
clip([x, y, w, h])
```

画面の「描画領域」を制限する。
パラメータなしで実行すると、「描画領域」がリセットされる。

```
cls([color])
```

画面全体を「クリア」する。

```
circ(x, y, radius, color)
```

塗りつぶした「円」を描く。

```
circb(x, y, radius, color)
```

塗りつぶさない「円」を描く。

```
exit()
```

プログラムを中断して「コンソール」に戻る。

```
font(text, x, y, colorkey, char_width, char_height, fixed,
scale) -> width
```

スプライトの「FG エリア」に定義されたフォントで「文字列」を表示する。

```
key(keycode)
```

現在の「キーボード・ボタン」の状態を取得する。
押されていれば「true」、押されていなければ「false」が取得される。

```
keyp(keycode)
```

現在の「キーボード・ボタン」の状態を取得。
ただし、押された瞬間だけを検知する。

Keyboad		
01 = A	27 = 0	50 = RETURN
02 = B	28 = 1	51 = BACKSPACE
03 = C	29 = 2	52 = DELETE
04 = D	30 = 3	53 = INSERT
05 = E	31 = 4	
06 = F	32 = 5	54 = PAGEUP
07 = G	33 = 6	55 = PAGEDOWN
08 = H	34 = 7	56 = HOME
09 = I	35 = 8	57 = END
10 = J	36 = 9	58 = UP
11 = K		59 = DOWN
12 = L	37 = MINUS	60 = LEFT
13 = M	38 = EQUALS	61 = RIGHT
14 = N	39 = LEFTBRACKET	
15 = O	40 = RIGHTBRACKET	61 = CAPSLOCK
16 = P	41 = BACKSLASH	62 = CTRL
17 = Q	42 = SEMICOLON	63 = SHIFT
18 = R	43 = APOSTROPHE	64 = ALT
19 = S	44 = GRAVE	
20 = T	45 = COMMA	
21 = U	46 = PERIOD	
22 = V	47 = SLASH	
23 = W		
24 = X	48 = SPACE	
25 = Y	49 = TAB	
26 = Z		

```
line(x0, y0, x1, y1, color)
```

指定色で座標2点間に「直線」を描く。

```
map([x=0, y=0], [w=30, h=17], [sx=0, sy=0], [colorkey=-1],
[scale=1], [remap=nil])
```

画面に「マップ」を描画する。

```
memcpy(toaddr, fromaddr, len)
```

RAM上のデータを、コピー元からコピー先のアドレスへ指定バイト数ぶんだけコピーする。

```
memset(addr, val, len)
```

指定バイト数ぶんだけ指定アドレスに「バイト値」を書き込む。

```
mget(x, y) -> id
```

マップ座標からそこにセットされている「スプライト番号」を取得する。

```
mouse() -> x, y, state
```

現在のマウスのX,Y座標およびボタンの状態を取得。
押されていれば「true」、押されていなければ「false」が取得される。

```
mset(x, y, id)
```

マップデータの指定座標に「スプライト番号」をセットする。

```
music([track=-1], [frame=-1], [row=-1], [loop=true])
```

指定トラック番号の「音楽」を再生する。

```
peek(addr) -> val
```

RAMから「1バイト」読み込む。

```
peek4(addr4) -> val4
```

RAM から「半バイト」(4 ビットぶん) の値を読み込む。

指定するアドレスは、「peek」命令の倍の値となる点に注意。

```
poke(addr, val)
```

RAM に「1 バイト」書き込む。

```
poke4(addr4, val)
```

RAM に「半バイト」(4 ビットぶん) の値を書き込む。

指定するアドレスは「poke」命令の倍の値となる点に注意。

```
pix(x, y, [color]) -> color
```

指定色で画面上に「点」(ドット) を描く。

または画面上の 1 点から色を取得する。

```
pmem(index, [val]) -> val
```

「index」には「0 〜 255」を指定でき、256 個の「32 ビット値」を、特別なメモリスロットに保存、または読み出す。

プログラム終了後も「ハイスコア・データ」などをセーブしておくことができる永続メモリ領域を読み書きする。

```
print(text, [x=0, y=0], [color=15], [fixed=false], [scale=1])
-> width
```

「文字列」を表示する。

```
rect(x, y, w, h, color)
```

塗りつぶした「矩形」(四角形) を描画する。

```
rectb(x, y, w, h, color)
```

塗りつぶさない「矩形」(四角形) を描画する。

```
reset()
```

カートリッジの実行をリセットして「初期状態」に戻す。

```
sfx(id, [note], [duration=-1], [channel=0], [volume=15],
[speed=0])
```

指定番号の「効果音」を再生する。

```
spr(id, x, y, [colorkey=-1], [scale=1], [flip=0], [ro-tate=0],
[w=1, h=1])
```

指定番号のスプライトを表示。
「拡大」「回転」「反転」などの指定も可能。

```
sync([toCart=true])
```

実行中に変更された「スプライト」や「マップ・データ」をカートリッジ
に同期（コピー）する。

```
time() -> ticks
```

ゲーム実行開始からの「経過時間」をミリ秒（1/1000秒）単位で取得する。

```
trace(msg, [color])
```

プログラム実行中の「文字表示」をコンソールにも出力する。

```
tri(x1, y1, x2, y2, x3, y3, color)
```

塗りつぶされた「三角形」を描画する。

```
textri(x1, y1, x2, y2, x3, y3, u1, v1, u2, v2, u3, v3, [use_
map=false], [chroma=-1])
```

マップに描かれたテクスチャで塗りつぶされた「三角形」を描画する。

■「外部エディタ」の使用方法

「外部エディタ」を使ってプログラミングしたい場合は、「コード・エディタ」の1行目に次のコードを記述します。

```
dofile('game.lua')
```

そして、現在の作業ディレクトリに「dofile」命令のパラメータとして指定したファイル名「game.lua」を配置します。

外部エディタで同ファイルを開き、プログラムを記述・編集してください。

※ ファイル名は任意です。「game.lua」である必要はありません。

ちなみに「TIC-80」の「コード・エディタ」は、外部エディタとの間でカット＆ペーストも可能なので、そちらのほうがお手軽な使い方かもしれません。

■ カートリッジ・メタデータ

```
-- title:  game title
```

「カートリッジ・タイトル」を表記

```
-- author: game developer
```

「カートリッジ作者」を表記

```
-- desc:   short description
```

「短い説明」を表記

```
-- script: lua (or moon/wren/js/fennel)
```

「使用プログラム言語」を指定

```
-- input:  gamepad (or mouse or keyboard)
```

「入力デバイス」を指定

```
-- saveid: MyAwesomeGame
```

複数ゲーム間でセーブデータを共有したい場合に使う一意の「セーブ名」

*

「TIC-80」公式サイトにカートリッジをアップロードする場合は、メタデータの「タイトル」と「作者」、および [F7] で取得する「画面ショット」が必須です。

また、「Lua」以外の言語を使う場合は、次の通り記述します。

Moonscript の場合	-- script: moon
Javascript の場合	// script: js
Fennel の場合	;; script: fennel
Wren の場合	// script: wren

■ メモリマップ

「TIC-80」は 80KB のメモリ空間をもっており、以下の通り領域管理されています。

80K RAM LAYOUT			
ADDR	INFO	SIZE	説 明
00000	SCREEN	16320	240 × 136 = 32640 4 ビット ピクセル
03FC0	PALETTE	48	16 × 24 ビット RGB カラー値
03FF0	PALETTE MAP	8	16 × 4 ビット カラー インデックス
03FF8	BORDER COLOR	1	4 ビット カラー値
03FF9	SCREEN OFFSET	2	水平 / 垂直 スクリーンオフセット [−127...+127]
03FFB	MOUSE CURSOR	1	FG タイルセットのマウスカーソルインデックス (0 の場合はシステムカーソル)
03FFC	...	4	
04000	BG SPRITES	8192	256 個 8 x 8 ドット 4 ビット色 BG スプライト (0 から 255)
06000	FG SPRITES (TILES)	8192	256 個 8 x 8 ドット 4 ビット色 FG スプライト (256 から 511)
08000	MAP	32640	240 x 136 セルのマップデータ
0FF80	GAMEPADS	4	4 つまでのゲームパッドの状態
0FF84	MOUSE	4	マウスの状態 (X,Y, ボタン)
0FF88	KEYBOARD	4	キーボードの状態、押されたキーコード
0FF8C	...	16	
0FF9C	SOUND REGISTERS	72	18 バイト x 4 チャンネル
0FFE4	WAVEFORMS	256	16 波形、各 32 × 4 ビット値
1000000	SFX	4224	64 x 30 サンプリング
11164	MUSIC PATTERNS	11520	60 x 64 行
13E64	MUSIC TRACKS	408	8 x 16 パターン x 4 チャンネル
13FFC	MUSIC POS	4	...
14000	...	0	

■「TIC-80」仕様一覧

グラフィック表示画面	240 × 136 ピクセル、16 色パレット
入力デバイス	8 ボタンゲームパッド (4 つまで) ／マウス／キーボード
スプライト	8 × 8 ピクセルを 1 つとして 512 個まで。
マップデータ	240 × 136 セル (1 セルが 8 × 8 ピクセルのスプライト)
サウンド	4 チャンネル (編集可能な波形エンベロープ)
プログラムコード	64KB(65536 文字まで)

■ Lua 基本文法

● マルチステートメント

複数の命令文をセミコロン「；」で区切ることで 1 行内に記述可能です。

```
a=8;b=5;c=a+b;print("a+b="..c,0,0)
```

● コメント

ハイフン 2 つ「--」の後続をコメントとします。

```
-- comment
```

複数行の場合は --[[と]] で囲まれた範囲をコメントとします。

```
--[[
In case of multiple lines,
The part enclosed in square brackets becomes a comment
]]
```

● 制御文

```
if 条件式 then
        処理
elseif 条件式 then
        処理
else
        処理
end
```

```
while 条件式 do
        処理
end
```

```
repeat
        処理
until 条件式
```

```
for 変数 = 開始値 , 終了値 do
        処理
end
```

```
break
```

「while」「repeat」「for」命令文のループ処理から脱出します。

```
goto ラベル名
```

ラベルへジャンプします。

```
:: ラベル名 ::
```

ラベル名はコロン 2 つ「::」で囲んで記述します。

■ Lua 標準ライブラリ一覧

最後に、「Lua」の「標準ライブラリ」の主な機能を書式付で列挙します。
各命令の詳細説明は下記の Lua 関連サイトをご確認ください。

・Lua 公式サイト

```
https://www.lua.org
```

・Lua リファレンスマニュアル (日本語訳)

```
http://milkpot.sakura.ne.jp/lua/
```

本書で使った命令について、簡易な説明を付けました。

【基本機能】

```
_G

_VERSION

assert(v, [message])

collectgarbage([opt, [arg]])

dofile([filename])          指定ファイル (filename) を読み込んで実行する。

error(message, [level])

getmetatable(object)

ipairs(t)

load(chunk, [chunkname, [mode, [env]]])

loadfile([filename, [mode, [env]]])

next(table, [index])

pairs(t)

pcall(f, [arg1, ...])

rawequal(v1, v2)

rawget(table, index)

rawlen(v)

rawset(table, index, value)

select(index, ...)

setmetatable(table, metatable)

tonumber(e, [base])

tostring(v)

type(v)

xpcall(f, msgh, [arg1, ...])
```

【コルーチン操作】

coroutine.create(f)

coroutine.isyieldable()

coroutine.resume(co, [val1, ...])

coroutine.running()

coroutine.status(co)

coroutine.wrap(f)

coroutine.yield(...)

【数学関数】

math.abs(x)	引数 x の絶対値を返す。
math.acos(x)	
math.asin(x)	
math.atan(y, [x])	
math.ceil(x)	
math.cos(x)	
math.deg(x)	
math.exp(x)	
math.floor(x)	
math.fmod(x)	
math.huge	
math.log(x, [base])	
math.max(x, ...)	
math.maxinteger	
math.min(x, ...)	
math.mininteger	
math.modf(x)	
math.pi	

math.rad(x)

math.random([m, [n]])　　引数で指定される 1 〜 m の範囲の乱数を返す。

math.randomseed(x)

math.sin(x)

math.sqrt(x)

math.tan(x)

math.tointeger(x)

math.type(x)

math.ult(m, n)

【文字列操作】

string.byte(s, [i, [j]])

string.char(...)　　　　指定したアスキーコードの文字列を返す。

string.dump(function, [strip])

string.find(s, pattern, [init, [plain]])　　　　文字列 s から指定パターン
(pattern) に一致する位置を返す。

string.format(formatstring, ...)

string.gmatch(s, pattern)

string.gsub(s, pattern, repl, [n])

string.len(s)

string.lower(s)

string.match(s, pattern, [init])

string.pack(fmt, v1, v2, ...)

string.packsize(fmt)

string.rep(s, n, [sep])

string.reverse(s)

string.sub(s, i, [j])　　　　文字列 s から指定位置 i から j までの文字列を
抜き出す。

string.unpack(fmt, s, [pos])

string.upper(s)

【テーブル操作】

table.concat(list, [sep, [i, [j]]])

table.insert(list, [pos], value)

table.move(a1, f, e, t, [a2])

table.pack(...)

table.remove(list, [pos])

table.sort(list, [comp])

table.unpack(list, [i, [j]])

※ 参考：Lua 5.3 リファレンスマニュアル

索 引

［著者プロフィール］

●ユリッペ山田

　プログラミング教育直撃世代の子をもつ、千葉県ぞうの国（市原市）出身の二児の母。

　言語の好き嫌いは名前で決めるフィーリンガルなロストジェネレーション。

　「Java」はジャバーって感じが、「Python」はヘビだから好きではない。「Lua」は史上最高のネーミングだと思う。

●監修・挿絵　悠黒喧史（ゆうこく・けんじ）

　コンピュータ黎明期からプログラミングをつまみ食い程度に嗜み、広く浅く楽しんできた苦労知らずのホビープログラマー。

　好きなことしか書けない趣味ライターでもある。

　ミッキーとマイタケを溺愛し、タマネギを敬愛する「HSP」(Hot Soup Processor) エヴァンジェリスト。最近は似非 BASIS で禄を食む。

本書の内容に関するご質問は、

①返信用の切手を同封した手紙
②往復はがき
③FAX(03)5269-6031
　（ご自宅の FAX 番号を明記してください）
④E-mail　editors@kohgakusha.co.jp

のいずれかで、工学社 I/O 編集部宛にお願いします。
電話によるお問い合わせはご遠慮ください。

I/O BOOKS
TIC-80 プログラミングガイド

2019年6月25日　初版発行　ⓒ 2019	著　者　ユリッペ山田
	発行人　星　正明
	発行所　**株式会社 工学社**
	〒160-0004 東京都新宿区四谷4-28-20 2F
	電話　(03)5269-2041(代) [営業]
	(03)5269-6041(代) [編集]
※定価はカバーに表示してあります。	振替口座　00150-6-22510

[印刷] 図書印刷 (株)　　　　　　　　　　　　　ISBN978-4-7775-2082-4